Yesterday milani' Tomorrow

A FANTÁSTICA VIDA EMPRESARIAL E SEUS SEGREDOS

CIP-BRASIL. CATALOGAÇÃO NA PUBLICAÇÃO
SINDICATO NACIONAL DOS EDITORES DE LIVROS, RJ

M585b

Milani, Mário, 1949
A Fantástica vida empresarial e seus segredos/ Mário Milani

1. ed. - São Paulo : Letras do Pensamento, 2021.
216 p. : il. ; 23 cm.

ISBN 9786589344131

1. Empreendedorismo. 2. Empreendedores. 3. Livreiro e livrarias
4. Sucesso nos negócios. I. Título

21-73451

CDD: 658.421
CDU: 658:334.72

Camila Donis Hartmann - Bibliotecária CRB-7/6472

23/09/2021 24/09/2021

Mário Milani

A FANTÁSTICA VIDA EMPRESARIAL E SEUS SEGREDOS

1ª Edição 2022
São Paulo – SP

Letrasdo Pensamento

Diagramação: Adailton Ragazoni

Capa Design Grafico: Adailton Ragazoni

Planejamento Editorial: Milani GI Ltda.

Revisão: Cristina T. M. Saito e Airan Rodrigues

Coordenador Editorial: Mário Milani

Diretor Editorial: Claudio P. Freire

1ª Edição — 2022 — São Paulo-SP

Matriz: Lojas Milani Ltda.
Divulgação, distribuição e revenda: Letras do Pensamento.

Letrasdo Pensamento

LETRAS DO PENSAMENTO
Rua Eduardo Prado, 28 - Casa 1 – Vila Bocaina
Mauá SP. - CEP: 09 310 500
(011) 3107 6501 – 9 9352 5354
Site: www.letrasdopensamento.com.br
e-mail: vendas@letrasdopensamento.com.br

Impressão no Brasil

Agradecimentos

Dentro da complexa vida empresarial, conheci os jovens sonhadores e estudiosos no grupo HQ E os artistas plásticos e suas aventuras criativas da vida humana. Os poetas e suas poesias, crônicas e contos da doce ou conturbada vida do cotidiano. Os compositores com suas angústias e casos de amores profundos. Os músicos e suas mentes com centenas de canções, às vezes nunca ouvidas nos pequenos palcos dos bares entre boêmios. O dia a dia dos mais venturosos aos mais estranhos comportamentos de consumidores. Os membros e sócios dos clubes de serviços, Rotary, Lions e Maçonaria. As importantes atividades comerciais e industriais nos mais variados segmentos no mundo dos negócios. É para esses insubstituíveis atores, artistas e empresários que dedico "A fantástica vida empresarial e seus segredos".

Mário Milani.

Prefácio

Prefaciar livro de escritor sempre aumenta a responsabilidade, mas também é uma satisfação dupla, primeiro pela amizade com o autor e uma eterna gratidão com o convite para esta tarefa. Depois pelo fato de ser um livro fruto de experiência vivenciada numa história convivida com muito amor, ato digno por excelência para o ser humano. Por isto sensibilizou-me profundamente o convite de Mário Milani para prefaciar seu livro, numa existência como pessoa e como profissional.

Um prefácio que o faço com desvanecimento. A leitura de sua obra foi de aproveitamento intelectual, pois, produziu com segurança, objetividade, clareza e correta base científica a matéria que escolheu como tema de seu livro, base de uma livraria que criou um ambiente social amplamente conhecido na cidade e na região.

Conheço o autor há algum tempo. Sempre foi profissional dedicado e preocupado com valores ligados ao bem comum social e a qualificação de empresários. Para isto criou um espaço cultural característico, ou seja, uma livraria, inicialmente. Como sentiu a necessidade de trabalhar com pessoas de várias profissões, ampliou também para espaços diversificados de mercado dentro da sua loja.

Trata-se de uma obra que chama a atenção, sobretudo, para as o bservações sobre temas interessantes no campo do empreendedorismo, como os que dizem respeito à convivência humana dentro de uma deferência à dignidade da pessoa. Mas, notadamente, o que ressalta é a criatividade do seu autor e que tem uma paixão pela pedagogia do ensinar e preparar bem o material que servirá ao outro.

Ademais, vale aqui ressaltar, ad argumentandum tantum, que a pedagogia aplicada pelo autor, no livro ora prefaciado, tem efetivamente uma permanente preocupação com o outro.

O livro traz informações de um espaço cultural, uma livraria, que em sete anos gerou tantos relacionamentos e alegrias, engrandecendo a cultura da cidade. Foram realizados inúmeros Cafés Filosóficos, visitas técnicas de alunos do ensino médio, lançamento de livros, rodas de música e poesias, enfim, propiciou o diálogo entre pessoas, algo que podemos dizer ser singelo, mas nos dias de hoje em que as pessoas costumam ficar presas à tecnologia, o diálogo proporcionado pela livraria deve ter evitado depressões ou outra forma de isolamento social.

Assim, importa aqui traçar um paralelo com o poema de Carlos Drummond de Andrade, Livraria. Ele que foi um apaixonado por livrarias, escreveu um poema imortalizando um espaço tão comum no mundo social desde os gregos.

Ao termo da espiral / que disfarça o caminho / com espadanas de fonte, / e ao peso do concreto / de vinte pavimentos, / a loja subterrânea / expõe os seus tesouros / como se / defendesse / de fomes apressadas. Ao nível do tumulto / de rodas e de pés, / não se decifra a oculta / sinfonia das letras / e cores enlaçadas / no silêncio dos livros / abertos em gravura.

Aquário de aquarelas / mosaicos, bronzes, / nus, / arabescos de Klee / piscina onde flutuam / sistemas e delírios / mansos de filósofos, / sentido e sem-sentido / das ciências e das artes / de viver: a quem sabe / mergulhar numa página, / o trampolim se oferta.

A vida chega aqui / filtrada em pensamento / que não fere; no enlevo / tátil-visual de ideias / reveladas na trama / do papel e que afloram / aladamente dançam / quatro metros abaixo / do solo e das angústias / o seu balé de essências / para o leitor liberto.

Da beleza poética acima, devo sublinhar o seguinte: "A vida chega aqui filtrada em pensamento que não fere". Quanta verdade nestas palavras e, por isto, acredito que o autor não só trabalhou como empresário do livro, mas foi além, cavando oportunidade para si e para o outro, dando vida com isto à regra de ouro: fazer ao outro o que gostaria que fosse feito a você. Enfim, trouxe o pensamento que não fere, mas enriquece as pessoas, para a livraria.

Parabéns ao autor e à Editora que publicará a obra. Ao leitor, que recomendo a leitura integral do livro, os meus mais sinceros e profundos agradecimentos pela leitura que você fará deste livro, isto por eu ter a certeza de que não será uma leitura em vão e sim frutificará inúmeras atitudes suas.

Por derradeiro, trata-se de obra de fôlego que trabalha temas pertinentes e relevantes para a atualidade, razão pela qual se reputa utilíssima para a compreensão dos vários aspectos ligados a empreendedores e ao mundo empresarial no Brasil.

Boa leitura!

Prof. Lafayette Pozzoli
Coordenador do Mestrado em Direito do Univem

Sumário

Os protagonistas

Não importa o tipo de pessoa que você é! Quando a disposição para ouvir os outros se torna hábito, seu coração sempre reage aos estímulos solidários; a partir daí você se torna otimista e a preocupação com respostas deixa de ser prioridade. A dedicação aos aspectos culturais auxiliou Benjamim, personagem principal e proprietário de uma livraria, a atender, diversas vezes, empresários com problemas de liderança.

Em uma dessas ocasiões, indicou o livro O Profeta, de Gibran Khalil Gibran, a um empresário com dificuldades financeiras. Passados alguns meses, ele voltou à livraria para trocar o produto, pois alegou não entender a linguagem do profeta, não gostar de livro usado e velho; disse preferir uma linguagem moderna. Edileia, uma das atendentes, ficou surpreendida com tal atitude, visto que a obra constitui uma das literaturas mais lidas no mundo. Os funcionários eram testemunhas do respeito que Benjamim cultivava pelo escritor Gibran, por isso, o chamaram para atender ao irritado cliente.

Capa do livro
O Profeta, de
Gibran Khalil Gibran

Fonte Google

Existia uma lista de espera para o livro em questão, o qual consiste em uma espécie de elixir para empresários desesperados; a obra original só é encontrada em sebos. Benjamim tentou explicar a importância daquele tipo de leitura, porém o insensato continuava impaciente. A solução foi autorizar a troca. Após perambular muito tempo pela livraria, o cliente preferiu a devolução do dinheiro. Gibran Khalil Gibran seria a receita pronta para aquele homem, mas os pessimistas, normalmente, não aproveitam as oportunidades.

A livraria tornou-se uma espécie de pronto-socorro para os aflitos nos negócios. Era como um balcão de farmácia, pois recebia pessoas em busca de alívio para determinado incômodo. Benjamim nomeou a gôndola no centro do estabelecimento como "Os protagonistas", visto que o cartaz com os dizeres "os mais vendidos", não o agradava. Mesmo assim, há regras comerciais, como a que estabelece uma imensa mesa expositora com os mais vendidos, afinal, é assim que as pessoas são: gostam de seguir filas, de acompanhar a multidão.

Mas nem sempre a moda é a solução. Foi o caso do empresário que devolveu o livro O Profeta. Certo dia, um renomado advogado disse que ir à Livraria Milani e não conhecer a gôndola dos protagonistas é como ir a Veneza e não andar de gôndola; ir a Paris e não ver a Monalisa, de Leonardo Da Vinci, no Museu do Louvre; ir a Roma e não ver o Papa.

Mona Lisa, de Leonardo da Vinci, exposta no museu do Louvre, na França

Fonte: Wikipédia

O formato da gôndola chamava a atenção pela exposição dos livros: no topo, um suporte de aço detalhado, de cor escura, sustentava a Bíblia Sagrada, recorde de vendas para religiosos e, principalmente, para quem deseja presentear a união matrimonial.

Na primeira parte plana, estava exposta a obra de Lou Marinoff, Mais Platão, Menos Prozac, a qual apresenta a filosofia aplicada ao cotidiano. O autor mostra como identificar um problema, como expressar emoções construtivamente, como analisar opções, como contemplar uma filosofia que ajude as pessoas a escolher e a viver a melhor opção e, por fim, como resgatar o equilíbrio pessoal. Ilustrado com estudos de casos das experiências dos principais conselheiros filosóficos, a obra demonstra a eficácia da filosofia aplicada aos problemas cotidianos, analisa o crescimento acelerado do aconselhamento filosófico e retoma o cerne da filosofia: colocar a vida em perspectiva. Homens e mulheres de negócios tinham uma certa preferência por aquela gôndola.

Uma bem vestida senhora, certo dia, foi à livraria à procura dos protagonistas. Edileia, atenciosamente, a acompanhou até a gôndola. Surpresa, dona Beatriz perguntou o que eram os protagonistas. Edileia, pacientemente, explicou que se tratavam dos autores dos livros em exposição, os verdadeiros protagonistas da história! Beatriz, acanhada, se desculpou, dizendo ser uma mulher de pouca leitura, pois cuidou da família ao lado do marido, um renomado advogado da cidade, durante toda a sua vida.

— Sabe, filha, quero um livro pois vou viajar a Veneza. Preciso de informações, nunca saímos da cidade, mas esse é um sonho! Celebraremos nossos 30 anos de casamento com essa viagem!

— Vou indicar um livro, que fala das gôndolas, símbolo universal de Veneza. Através dele, vocês vão navegar antecipadamente pelos canais e conhecer toda a história dos grandes pintores, contada pelos gondoleiros. Tem um ditado que diz: "se você foi a Veneza e não passeou de gôndola, você não foi a Veneza", por isso, após a leitura, precisam visitá-las na Itália!

Um outro advogado, recém-chegado do estado do Mato Grosso, veio residir em Marília para ficar perto da filha, que estava fazendo mestrado na universidade da cidade. Sua esposa, muito simpática, disse ser professora aposentada. Também afirmou não gostar de seu nome: Artuziamara. Além disso, disse que o marido também não gostava do dele: Ruinei. O que a mulher tinha de educada e elegante, o marido tinha de grosso e mal educado. Dona Artuziamara procurava um bom vinho e um livro para presentear a uma amiga. Ruinei estava em busca de um livro. O senhor tinha a voz grossa e meio rouca, era gordo, muito alto, tinha a barba branca, malfeita, e suas sobrancelhas eram espetadas.

Edileia, um pouco assustada, preferiu pedir ajuda a Benjamim assim que Ruinei falou o título do livro pelo qual buscava: O Diário do Diabo. Benjamim sempre gostou de desafios, sempre aprendeu com as pessoas. Edileia levou a senhora até a adega e Benjamim deu toda a atenção ao doutor. Tentou falar dos livros da gôndola dos protagonistas, mas não obteve sucesso. O bruto homem disse não gostar das obras em exposição, pois era ateu e não seguia a bíblia.

— Estou à procura do livro de Lúcifer, O Diário do Diabo!

Benjamim o conduziu ao setor de livros exotéricos, que ficava no terceiro pavimento. Ruinei resmungou ao chegar no elevador, pois afirmou não gostar de utilizá-lo, e que só o fazia devido às dores no joelho, que o impediam de subir as escadas. Porém constataram que não havia o título em questão, então, Benjamim convenceu o homem a levar O Livro de Lúcifer, do autor Ben Shakur. Enquanto esperavam dona Artuziamara, Benjamim ofereceu um café na lanchonete; o homem pediu o seu sem açúcar e ficou em pé, escorado no balcão; Benjamim pediu um cappuccino.

Ruinei tentou justificar seu gosto por esse tipo de literatura, dizendo que sofreu muito na profissão ao defender gente ruim e principalmente políticos corruptos, por isso, não acreditava mais em Deus. Então, Benjamim contou, ao incrédulo, que, certa vez, foi visitar um ateu no hospital a pedido de um grande amigo. Chegando lá, o homem olhou para Benjamim e o questionou:

— Você é vendedor de livros, não é?

— Sim, senhor, seu filho é um grande amigo e compra muitos livros na minha livraria.

— É, nunca fui na sua livraria, li poucos livros na minha vida, sou ateu, não sei se fiz a escolha certa. Nem sei se saio desse leito de hospital!

— Seu Genário, são escolhas que fazemos na vida, nunca é tarde; aqui é um lugar bom pra exercitar o sabor da leitura, vou indicar uma Bíblia fácil de ler. Amanhã, na hora da visita, seu filho, Juninho, traz pra você!

Não houve tempo, pois seu Genário faleceu na madrugada. Após ouvir a história, Ruinei retrucou dizendo preferir obras de Satanás. Não demorou, e dona Arturzimara chegou, toda feliz, com seus presentes. Se despediram e foram embora.

Público na livraria, durante um sábado, dia em que o estabelecimento ficava aberto até 17h

Fonte: O autor

A livraria era um comércio diferenciado, cheio de magia, proporcionava o encanto de conhecer e de conviver com pessoas, através das conversas sobre o mundo dos negócios, descobertas e segredos. Todos encontravam, nos protagonistas, verdadeiros agentes de mudanças na vida pessoal e empresarial. Nem todos conseguiam absorver, de imediato, o poder da leitura. Havia também os que encontravam a paz e seguiam os ensinamentos de Jesus. Outros agiam com cinismo, como o doutor Ruinei. Tem ainda quem reagia diante das dificuldades, buscava conhecimento e, encontrava, na gôndola dos protagonistas, apoio às dificuldades.

Em uma tarde de verão no fim do expediente, Vera já havia fechado o caixa, quando um senhor, em tom de voz alterado, quis trocar um livro. Ela explicou que o critério da loja é fechar exatamente no horário comercial, em respeito aos funcionários. Havia cartazes espalhados pelo interior da loja, comunicando o expediente. Nesse momento, Benjamim saiu do elevador e foi ao encontro do cliente bravo: era o doutor Ruinei, querendo pressionar Vera a abrir o caixa para trocar o livro. Não demorou nada para Benjamim convencer o cliente bravo a voltar em outra ocasião.

Ele acompanhou Ruinei até a porta; o cliente prometeu voltar. No dia seguinte, Vera abriu a loja. Quando chegou, lá estava Ruinei, o primeiro cliente daquela manhã. Diferentemente do dia anterior, ele estava surpreendentemente gentil e educado, querendo falar com Benjamim. Vera informou que ele demoraria a chegar, pois sempre entrava por volta das 10h. Ruinei, então, pediu um cappuccino para degustar enquanto aguardava Benjamim. Ao avistá-lo, disse:

— O senhor tem um tempinho? Vim devolver O Livro de Lúcifer, nem abri. Depois que me contou a história do seu amigo ateu, que morreu no leito do hospital, decidi escolher outra obra

— Vou pedir para Edileia efetuar a troca!

— Antes, quero que saiba qual livro vou levar! Quero aquela bíblia, que está no topo da gôndola dos protagonistas. O senhor me mostrou, com poucas palavras, a importância da fé, foi extremamente educado quando critiquei a Bíblia!

— Ruinei, os olhos daquele meu amigo demonstraram arrependimento de ter sido ateu, infelizmente, não deu tempo de entregar a Bíblia para ele. Depois que entender os ensinamentos do maior psicólogo do mundo, Jesus, verá que vale a pena ter fé e seguir os ensinamentos divinos.

Ruinei saiu da livraria bem diferente do dia anterior, virou um cliente fiel. Sua maior preferência era a gôndola dos protagonistas. Sempre que visitava a livraria, levava presentes a todos, como chocolates e outros doces. A gôndola dos protagonistas era uma espécie de cardápio, com vários "pratos" suculentos para aqueles que desejavam mudanças na vida. Os livros constituíam saborosos e deliciosos meios de sabedoria, capazes de mudar a visão de mundo das pessoas. A livraria consistia em um local de oportunidade de convívio; por ser no centro da cidade, virou um ponto de encontro dos intelectuais. O verdadeiro objetivo do ser humano é evoluir e os protagonistas indicavam o verdadeiro caminho que o Homem tem para isso. Essa vontade é que faz os seres humanos felizes.

O Homem deve aprimorar sua existência, como o doutor Ruinei, que descobriu o segredo da humildade quando passou a confiar, a ouvir e a respeitar as pessoas e, principalmente, o desabrochar da fé em Deus.

A segunda parte da gôndola ficava bem na altura das mãos. Observá-la era como se deparar com uma imensa cesta de maças, com os livros expostos em pé. Escorados na torre central, estavam, de um lado, o livro Influências: oito décadas de influência dos imigrantes da cultura da alta paulista. Nele, Marcos Flaitt convidou o renomado fotógrafo Fausto Roim para registrar, através de suas lentes, poderosas imagens daqueles que fizeram história em Marília e região. O livro também destaca o artista plástico Braz Alécio. Do outro, estava O Código Da Vinci, romance policial, do escritor norte-americano Dan Brown, traduzido em 44 idiomas, com mais de 80 milhões de exemplares vendidos. Sua capa exibe a imagem mais famosa de Leonardo Da Vinci: Mona Lisa. No espaço total da gôndola, estavam distribuídos todos os principais autores brasileiros e internacionais.

Ser bom é estar em harmonia consigo mesmo. É não o ser é ver-se forçado a estar em harmonia com os outros. A única coisa terrível que existe no mundo é o tédio. O único pecado para qual não existe perdão. Oscar Wilde. 1854.

O professor

A livraria era visitada por muitos professores e os funcionários eram treinados para dar toda a atenção possível a eles. Benjamim oferecia treinamentos semanais aos seus colaboradores e sempre tinha novidades. Para tanto, suas ferramentas poderosas eram os livros. Allan Percy, autor do livro Nietzsche para estressados, apresenta, na página 17, importantes dados para o sucesso do indivíduo que busca eficácia no atendimento às pessoas. Os atendentes utilizavam, no cotidiano, as cinco frases descritas pelo autor: "faça com que seus atos falem por você/reconheça seus pontos fortes/neutralize os elementos que podem ocultá-lo/aproveite as oportunidades/pratique exercícios físicos".

Benjamim tinha o hábito, no início da sua vida de empresário, de presentear, com livros, empresas e associações comerciais durante suas visitas a esses locais. Nietzsche era seu pensador preferido, pois Benjamim dizia que sua obra constituía o manual do sucesso de qualquer atividade exercida por pessoas. Ele fazia questão de escrever uma dedicatória em todos: "esse livro não te pertence, leia e passe para seu colega". Fazia questão de deixar a assinatura e o nome bem legíveis. Entregava o exemplar aos gerentes das empresas e fazia questão de que assumissem o compromisso de que o livro circulasse entre os setores das corporações. Citava sempre a página 17, assim como fazia com os funcionários da livraria. Com o tempo, Benjamim deixou de presentear com edições de escritores famosos, substituídas por livros de sua autoria. Mas manteve o hábito de redigir as dedicatórias.

Capa do livro
O Doutor e o Empresário,
de Mário Milani

Fonte: O autor

Um professor chama a atenção dos funcionários na livraria. Sebastião, professor universitário e defensor ferrenho da natureza, participa de todas as atividades possíveis quando o assunto é meio ambiente e só fala quando tem absoluta certeza, pois é um dos maiores pesquisadores da área ecológica da região.

Ele e Benjamim tinham algo em comum: ficavam horas falando de literatura no café da livraria. Sebastião tinha o hábito de, nas manhãs de sábado, saborear o cappuccino da livraria, sempre com um livro em mãos. Quando um cliente estava à procura de uma sugestão para presentear alguém e Sebastião estava no estabelecimento comercial, as atendentes pediam ajuda ao professor, que dispensava toda a atenção ao pedido da vendedora. Um verdadeiro mediador cultural!

Além de auxiliar na indicação, dissertava sobre o conceito e o contexto das obras. Como Sebastião, tinham vários outros professores, clientes intelectuais e até crianças que frequentavam a livraria na companhia dos pais, ou seja, o local recebia muita gente, que, ali, trocava experiências. O objetivo de Benjamim era exatamente fazer essa aproximação cultural.

Certo dia, uma encomenda despertou a curiosidade do setor de logística: a série literária Operação Cavalo de Tróia, de J.J. Benítez. O primeiro livro foi lançado em 1984 e o último volume, número 9, em 2011, pela Editora Planeta, de Barcelona — no Brasil, a responsável pela edição e distribuição da série foi a Editora Mercúryo. Ao todo, foram mais de 6 milhões de exemplares vendidos em todo o mundo. Mesmo se tratando de um sucesso de vendas, a encomenda chamou a atenção devido à idade do cliente, um senhor de quase 80 anos, cuja intenção era presentear o neto, de 12 anos. Séries dessa natureza eram vendidas para professores, advogados e intelectuais. Benjamim pediu para que entrassem em contato com o cliente, pois queria conversar com ele. Não demorou e lá estava o senhor da encomenda. Pelo interfone, Edileia avisa que o senhor da coleção Cavalo de Troia tinha chegado!

— Traga ele até meu escritório, pede para servir água e café.

— Benjamim, você tem que descer, pois seu Manoel tem dores no joelho e não pode subir escada. Além disso, ele tem medo de elevador — avisou a funcionária

Benjamim desceu rapidamente!

— Seu Manoel, muito prazer, sou Benjamim, o dono da loja.

— Muito encantado em conhecer o senhor. Mané a seu dispor! Já chegaram os livros?

— Já encomendamos, mas demora um pouco, visto que são 9 volumes. Manoel, essa sua encomenda para presentear seu neto chamou a nossa atenção! Me diga uma coisa, de quem foi a ideia?

— Eu sempre ouvi falar dessa passagem da mitologia e nunca pude comprar essa coleção, pois é muito cara. Porém juntei um dinheirinho com minhas economias da aposentadoria e combinei com o meu neto, que gosta muito de ler, que ele lerá tudinho pra mim! O dinheiro tá contado aqui no bolso, vou pagar à vista!

— Seu Manoel, pedirei um favor ao senhor: quando a Edileia ligar avisando que os livros chegaram, traga o seu neto para conhecer a livraria, tenho um presente para ele!

Seu Manoel fez o pagamento dos livros, se despediu e prometeu trazer o neto.

Por coincidência, a encomenda chegou no outro dia. Não demorou para que avô e neto também estivessem na livraria. Por se tratar de um clássico da literatura, Edileia preparou uma mesa com biscoitos e refrigerantes para o menino; o sabor do café, seu Manoel já conhecia.

— Como é seu nome — perguntou Benjamim.

— Gabriel — respondeu o menino, meio tímido.

— Que time você torce?

— Para o Palmeiras, time do meu avô.

— Você promete ler toda essa coleção do Cavalo de Troia para seu avô? Se fizer isso, vou te dar uma bola de futebol de presente! O menino abriu um largo sorriso e indagou:

— É verdade? Vou ler tudinho, eu quero aquela ali — disse, apontando para uma bola verde e amarela enviada pelos editores para presentear os funcionários que cumprissem as metas de vendas dos produtos da seleção brasileira.

Gabriel, todo entusiasmado com a beleza das instalações e com a quantidade de livros, conheceu a loja justo na época da Copa do Mundo de 2014; a loja estava toda enfeitada de verde e amarelo, já que, nessa época, as editoras investem muito, mandam muitos produtos e brindes que remetem ao evento. Foi uma festa: na presença dos ilustres clientes, Benjamim entregou uma bola, camisetas e bandeirinhas para o menino, que, junto ao avô, viveu momentos de muita alegria com tantos presentes. Dava para perceber que Gabriel era mimado pelo avô, que, apesar do pouco contato com a leitura, estava criando uma atmosfera de cultura para o menino. Além disso, ambos cultivavam interesses e parceria, uma cena linda de se ver! Benjamim pede para levar os ilustres clientes até sua casa. Eles despediram-se felizes, pois saíram empolgados com o atendimento, com os presentes e com a compra da coleção Cavalo de Tróia. Passados alguns dias, Benjamim comentou com Edileia:

— Menina, parece incrível, mas demos um presente de grego para o Gabriel! O Brasil perdeu de 7 a 1 para Alemanha, sendo assim, o menino não pôde desfrutar dos presentes.

O ano de 2014 trazia um cenário político obscuro, havia uma pressão acentuada da população, encabeçada pela classe média — a mais afetada com as desastrosas medidas aplicadas pelo governo do Partido dos Trabalhadores —, que clamava por mudanças no Governo Federal. A imagem do Judiciário também estava abalada devido a decisões comprometedoras de alguns juízes do Supremo Tribunal Federal. A permanência do ex-presidente Lula na articulação política de nada adiantava, já que havia constantes denúncias de corrupção. Nascia a figura de um herói que a população abraçou, virou capa de revista: o juiz Sergio Moro, que se tornou a esperança da população brasileira na atuação justa e corajosa contra os políticos corruptos. A Presidente Dilma Rousseff não conseguia mais convencer que seu governo era viável em razão da grande quantidade de denúncias estampadas nos jornais, nas revistas e em emissoras de televisão. Era uma situação insuportável para o partido e para os aliados.

O impeachment de Dilma Rousseff esgotava rapidamente os jornais e as revistas no balcão da livraria. Apesar da crise que assolava o país, a livraria vivia momentos de ascensão. Benjamim estava em plena área de conforto para finalizar seu projeto de sete anos com aquele tipo de comércio. Benjamim pretendia fazer da rua mais movimentada da cidade um ponto cultural, a fim de atrair a atenção dos governantes municipais. Seu comércio já estava consolidado perante à população, ou seja, a meta foi alcançada, restava apenas dar tempo ao tempo, esperar o momento certo para ir ao encontro do objetivo final: fortalecer a cultura local.

Além dos professores, poetas, músicos, profissionais liberais e muitos empresários eram presenças garantidas no dia a dia da livraria. Entre tantos, havia Edgar, ex-gerente da antiga Caixa Econômica Estadual. Aposentado e dono de uma experiencia de sábio, exercia com prazer uma importante função na cidade: a presidência da ong MATRA (Marília Transparente), organização sem fins lucrativos ou políticos partidários, que visa ao bem comum da população e, principalmente, à transparência da gestão pública. Leitor de grandes clássicos, bom ouvidor e um grande indicador de obras literárias, Edgar estava quase todos os sábados na livraria. Orgulhava-se por participar dos acontecimentos da cidade e era crítico severo das irregularidades administrativas. Certo dia, Edgar deixa Benjamim surpreso com uma revelação, pois, ao ver sobre a mesa de exposição dos mais vendidos o livro de bolso Epicuro de Samos 341 a.C., indagou:

— Benjamim, você sabia que o tradutor (do idioma grego para o português) deste livro é de Marília?

— Será que eu conheço?

— Deve conhecer, é professor da Unesp, Enzo Del Carratone, doutor licenciado em Letras pela Universidade de São Paulo (USP). Se não me engano é professor titular aposentado da Universidade Estadual Paulista (UNESP), campus de Marília.

— Edgar, meu amigo, conheço e muito bem! — Edileia, por

gentileza, traga o livro Fazenda do Estado, quero fazer uma surpresa para meu amigo. Edgar, veja quem assina o prefácio deste livro!

Livro Fazenda do Estado, de Mário Milani

Fonte: O autor

— Converso muito com o Enzo, não sabia da modéstia dele, pois nunca me disse nada a respeito da sua participação em trabalhos assim tão nobres. O conheci através de Domingos Viggiani, outra excelência em termos de UNESP. Domingos é um exemplar rotariano, já foi presidente e governador do distrito 4510. Aprendi muito com ele no meu Clube do Rotary — disse Benjamim.

— Meu amigo Benjamim, estar aqui aos sábados é uma verdadeira terapia cultural, conversamos sobre literatura há tanto tempo e olha o que descobrimos hoje, temos amigos em comum tão próximos.

— Edgar, aqui ouço de tudo, vejo de tudo um pouco, o que não consigo é entender o ego e a vaidade dos seres humanos. Por isso, a presença de pessoas voltadas às coisas justas me faz muito bem, essa perseverança de pessoas como você me inspira e inspira também a outras pessoas.

— Benjamim, você está me lembrando as pessoas que sabem usar o recurso da linguagem com um único objetivo: a evolução do entendimento! Olha onde começou, em 500 a.C.! A Itália era o berço dos sábios, mas não podemos esquecer dos gregos, como Sócrates e Aristóteles, o discípulo de Platão!

— Edgar, a literatura, iniciada lá nos anos 300 a.C., tendo Demóstenes como um dos maiores oradores da história, nada mudou, pois o segredo ainda é saber ouvir.

— Benjamim, falando do avanço dessa ciência, antes de Cristo, na minha opinião, Cicero foi o maior orador romano, na tenra idade já notaram sua habilidade com as palavras.

— Edgar, tenho todos esses gênios à disposição aqui na rua mais popular da cidade! Acabei de presentear o prefeito com o livro Mais Platão, Menos Prozac, pois prometi, para os candidatos, que o vencedor das eleições ganharia o livro. É um verdadeiro manual de sabedoria de Lou Marinoff.

— Meu caro amigo Benjamim, você é um sonhador, não sabe como padecemos com as irregularidades públicas.

No fundo, sabia bem o que Edgar quis dizer. A humildade caminha muito longe daqueles que têm dinheiro; quanto mais dinheiro, menos leitura. É incrível saber como o poder aquisitivo muda a grande maioria dos seres humanos, principalmente os políticos. Entendo as professoras e os professores indignados com o sistema dependente das regras oferecidas pelas esferas governamentais. Jovens se distanciando cada vez mais do conhecimento, uma grande parte vivendo o bloqueio mental, pois os celulares estão impedindo que eles enxergam o que acontece ao redor.

Os mais humildes constituem os exemplos de comportamento dentro da livraria. Centenas de poetas e escritores passaram por ela nesses sete anos e deixaram suas marcas de comportamento, além de seus sonhos e sua persistência. Por incrível que pareça, os pobres é que mais se interessavam por cultura na livraria, visto que os filhos dos ricos a viam como um parque de diversão, pois, para eles, os livros são brinquedos.

Outra presença constante e importante na livraria era a de Eduardo Dario Dias, design dos bons, olhar futurista, estudioso da música, alegria permanente e tiradas poéticas em qualquer assunto. Seu atributo inegável era a arte. Tinha muitas lembranças da Argentina, sua terra natal. Era carinhosamente chamado de Gringo pelos seus amigos, apelido do qual gostava.

Eduardo Dario Dias
(Gringo)
Designer e músico

Fonte: O autor

A presença dos professores, dos homens de negócios e dos artistas inspiravam os clientes. O departamento de instrumentos musicais se misturava com o de livros: um professor indicando um livro, Gringo tocando violão para um jovem comprador, entre outras atividades, formavam o cenário da livraria. Esse ensaio entre as pessoas, com livros e instrumentos musicais, constituía uma das demonstrações de alegria e emoção, uma excelente iniciação para os jovens, o caminho do pensamento em direção à arte, uma janela da alma.

Quando Benjamim montou todo aquele cenário na rua mais popular da cidade, inaugurou o caminho em direção à cultura; nem de longe imaginou que daria tão certo.

— A propósito, meu amigo Gringo, a recompensa de todo esse trabalho me deu a ideia de registrar todos os acontecimentos dentro da livraria em um livro.

— Opa, quero estar nessa história!

— Você e uma legião de personagens da vida real estarão nele! Sou franco em afirmar que, segundo minhas estatísticas, consegui fidelizar 40% da população; 30% conhecem a livraria. Os clientes fidelizados sabem muito bem que todos nós precisamos saber apreciar obras artísticas. A permanência de poetas, de pintores e de artistas de todos os gêneros neste ambiente, principalmente no ato das suas atividades criativas, despertará a curiosidade e muito arrependimento nos 30% que não tiveram, por alguma razão, a oportunidade de estar aqui na livraria.

— Benjamim, não dá para entender, a loja é bonita, sempre cheia, com muitas atividades culturais e você pensa em fechar!

— Gringo, você é testemunha e um dos idealizadores de várias repartições da livraria, nada será perdido, vou fazer este trecho de rua ficar conhecido comercialmente na cidade, como, por exemplo, as Casas Pernambucanas, com um diferencial: servirá de estímulo cultural para a população. Essa loja tem relação direta com a imagem cultural, os elementos como as cores são símbolos de harmonia com os clientes, tudo está relacionado com o comércio de livros.

— Você terá muito trabalho pela frente até o fechamento da livraria.

Certo dia, alguém perguntou para Millôr Fernandes que conselho ele daria a um escritor iniciante? Ele pensou, pensou e disse: tenha sorte!

Relembrando a Inauguração

Às vésperas da inauguração de seu novo comércio, Benjamim, cauteloso e bastante apreensivo, busca energia no passado e se lembra de uma visita ao sítio de seu pai, onde, certa vez, conversaram embaixo de um frondoso Ipê. Nesse momento, comparou aquela imensa árvore, no meio da lavoura de café, às livrarias: as raízes serviam de acento para as refeições de seu pai. A sombra do Ipê oferecia o conforto necessário para o descanso da família após a labuta e era palco para os conselhos paternos, que, por muitas vezes, colaboraram para as decisões de Benjamim!

Certo dia, após um almoço servido pela mãe, seu pai disse:

— Filho, temos de observar as árvores! Veja a robustez do braço da raíz, fulcral para mantê-la firme. É como afirma aquela passagem bíblica: O homem prudente construiu a sua casa sobre rocha, veio à chuva e a casa não caiu; já o insensato construiu sua casa sobre areia. Ela não suportou e caiu.

E continuou:

— Nossa fé, quando praticada de coração, nos traz paz de espírito. Essa árvore é nobre e nos presenteia, todo ano, com uma linda florada cor-de-rosa. Lembra que você mesmo disse que a raiz serve para sentar? Então, caso um dia esse pé de Ipê seja cortado, suas toras serão transformadas em tábuas, em vigas e em ripas, todas madeiras de lei. Veja, também, a nossa lavoura de café: está no quinto ano e a primeira colheita promete dar ótimos frutos, os quais compensarão nossos esforços.

Benjamim, encantado com o diálogo, afirmou:

— Pai, o senhor tem fé em Jesus e é um homem bom, que ama o seu trabalho. Por isso, tenho orgulho de ser seu filho!

— Filho, amo você, amo a natureza, amo a vida! Observe, novamente, esta árvore e toda a vida que nos rodeia. Em breve, colheremos os frutos de nosso trabalho!

Naquele momento, Benjamim questionou porque, apesar de pregar a fé, só falar sobre coisas boas e ensinar o caminho do bem, Jesus não conseguiu colher os frutos desejados. Logo, seu pai interveio e afirmou:

— Preste atenção, filho. Cada pé de café é sustentado pelas raízes que você não vê, mas elas estão lá, embaixo da terra, levando proteínas para os troncos, que as distribuem aos galhos e às folhas. Tal processo, que dá origem às flores, as quais produzirão frutos, pode ser comparado à nossa fé. Acreditar em Jesus é como ver as árvores sem enxergar as raízes, ou seja, sabemos que existem, porém não as podemos ver. Observe os pássaros voando; eles constituem um dos tantos mistérios de Deus!

— Pai, escutar tua voz num dia com o céu prometendo chuva, como o de hoje, me dá a impressão de que estou ouvindo um poeta falando. Estava com saudades das nossas conversas!

— É, filho, sua mãe sofre muito com a sua ausência, principalmente, quando o tempo está assim. Ela sempre cita os momentos em que você ficava por aqui, correndo e apreciando a natureza. Sentimos muitas saudades de você, já estamos contando os dias para as suas próximas férias, pois, nelas, podemos, novamente, ouvir suas poesias e conversar sobre os escritores. Contar com a sua presença é sentir a vida valer a pena, filho, sentimento que me remete à natureza, pois a interação com ela nos aproxima de Deus.

Após aquelas férias, Benjamim voltou a São Paulo, onde morava e trabalhava. Ele ainda não havia se acostumado com o frio e com a garoa, preferia o clima do interior, sua terra natal.

Naquele ano, o inverno chegou intenso e, com ele, uma carta de seu pai, a qual noticiava uma forte geada (acompanhada de muito vento e de temperaturas baixíssimas), que destruiu todos os pés de café do sítio de seus familiares.

Ao lê-la, Benjamim sentiu, na alma, a aflição em cada palavra do texto, passou a chorar copiosamente e não conseguiu cair no sono. A sensação de impotência, a tristeza e a dor no coração, fizeram com que questionasse o poder de Jesus, já que a metáfora de seu pai dizia que as raízes dos pés de café possuíam a mesma força de Cristo, mas elas não aguentaram a forte ação da natureza.

Benjamim passou a madrugada toda enfurecido com o fato de que seu pai, um homem honesto, digno, trabalhador e temente a Deus, não poderia colher os frutos de um intenso período de trabalho. Ele não achava aquela situação justa. Pela manhã, sentiu a necessidade de se comunicar com seus pais, porém na terra onde viviam, não havia telefone e a única maneira de contatá-los era através de cartas. Respondeu a seu pai, despachou a carta e prometeu, a si mesmo, ser forte no período em que aguardaria por outra correspondência. Mas, nos três meses seguintes, Benjamim, que sempre priorizou a boa qualidade de vida, passou a se alimentar mal e deixou de fazer os tradicionais passeios aos domingos, visto que sua cabeça estava confusa, angustiada e só pensava na revolta que sentia com tamanha destruição. No trabalho, perguntava, a todo instante, ao seu chefe, João Carrasco, se havia alguma carta em seu nome no setor de correspondências da empresa. Desconfiado, Carrasco questionou se estava tudo bem, pois percebeu que ele estava triste. Porém Benjamim preferia sofrer calado.

Quando a tão esperada carta chegou, Benjamim se sentiu pequeno perante a fé do seu pai. Ansioso e emocionado, esboçou um leve sorriso de esperança ao ler as primeiras linhas, pois entendeu a importância de se manter a fé. No texto, seu pai dizia:

— Jesus vive, filho! Lembra quando você questionou o que eu disse a respeito das raízes do cafezal, que eram como a presença de Jesus? Então, assim como ele, a árvore também é capaz de renascer. Já cortamos os galhos secos e os troncos estão brotando com mais força ainda e, em breve, teremos a lavoura de volta. Com fé e paciência, faremos uma grande colheita!

E prosseguiu:

— Lembramo-nos de você! Juntos aos vizinhos, fomos, de Kombi, até a cidade de Guaimbê para assistir ao filme O Vagabundo, de Charles Chaplin. Choramos de tanto rir! Só faltou você ir com a gente pro passeio ser perfeito.

Naquele momento, a vida de Benjamim havia mudado, pois, a partir daquela carta, retomou a verdadeira fé em Jesus e compreendeu, através das palavras de seu pai, que precisa sempre buscar as respostas para as suas lamentações. Além disso, motivado, enxergou a importância do amor e da esperança e que Jesus está presente, especialmente, em situações nas quais parece ser impossível.

Evento na livraria Milani

Fonte: O autor

A sensação produzida pelas lembranças reavivadas assemelhou-se à de acordar de um sonho. Devido ao fato de a alma de Benjamim estar mais tranquila, após as recordações, inaugurou, com sucesso, a loja, que abriu as portas da cultura para a população no centro comercial da cidade. Todas essas memórias — dos diálogos com seu pai, das reflexões sobre Jesus, sobre a árvore e sobre o cafezal, dos filmes de Charles Chaplin e dos primeiros rascunhos de poesias, escritas ainda na infância — marcaram, simbolicamente, uma conquista para ele, pois, concretizou o sonho de viver sua fantástica vida empresarial comercial uma realidade cultural em sua própria livraria após retomar sua fé.

Alimento da alma

Ano de 2010. — Havia, na livraria, uma vasta opção de livros de poesias, que abordavam todos os tipos de temas: amor, lírica, colheitas, romances, sátiras, religião, haicai, cordel etc. Muitos poemas eram declamados com acompanhamento de algum artista que por ali passava. Muitos deles utilizavam os instrumentos do showroom da loja.

Benjamim tem um amigo muito especial, o escritor e poeta Corbeniano, conhecido como Corbi, presidente da APEM (Associação dos Poetas e Escritores de Marília). Juntos, organizaram encontros nas manhãs de sábados, uma espécie de primeira aplicação cultural no terreno poético, pois misturava poesia, arte e música, o que deu muito certo! Os músicos foram arrastados pela influência do cantor e compositor Marcos Gimenes, ex-integrante da maior banda existente no interior paulista: Os Yarassus. Na inauguração da loja, foram expostas muitas obras de artistas. Com uma imensa variedade de gêneros, os eventos revelavam o talento dos artistas e seus elementos criadores. A partir das orientações dos mais experientes e com a liderança de Corbiniano, os jovens tímidos tinham os poetas vividos como âncoras para seus primeiros trabalhos.

Intitulada Roda d´Água, a coletânea da APEM foi publicada no ano de 2003 e doada à Biblioteca Municipal de Marília. Na dedicatória, a poetisa Abigail Rodrigues Siriani datou o material — 21 de junho de 2003 — e assinou como Presidente. Além dos poetas da coletânea, constam apenas dois nomes no início da atividade: um deles era o de

Hélio Geraldo da Silva, presidente da União dos Aposentados e Pensionistas de Marília, local onde os primeiros escritores se reuniram. As primeiras reuniões ordinárias aconteceram na Associação dos Cabos e Soldados, cujo presidente era José Carlos Albuquerque. Quando Benjamim ingressou na associação dos poetas, no ano de 2005, o Presidente era Corbiniano Braga.

Naquele momento, a intenção da diretoria era a de criar uma área de ação cultural educativa, principalmente para exercitar o hábito da leitura.

Reunião dos escritores, e poetas da APEM. Destaque, as históricas cadeiras amarelas

Fonte: O autor

O objetivo dos escritores era levar convidados e familiares aos encontros para que o público pudesse ver, analisar e sentir o livro, exercitar o poder criativo, interpretar clássicos da literatura e da arte em múltiplos contextos. Quando Benjamim conheceu a associação, em 2005, ela estava instalada em um dos anexos dos barracões da antiga indústria de óleo Zillo, que era emprestado por um empresário ligado à área de impressão, Gilson Vidal. As estruturas antigas do seu imóvel lembram aqueles memoriais da cultura industrial do passado, cheios de escadas, com telhados de duas águas, janelas altas e portas largas. Os encontros dos poetas tinham, como missão, exercitar a arte da poesia e o prédio tinha todas as características de arte. O foco do grupo também era educativo, pois visitavam escolas de todos os tipos, sem distinção de classe social.

Um tempo inesquecível, escritores, poetas, cantores músicos e público

Em cartaz: Celso Mota, Milani, Corbiniano, João Guerreiro, Rubens Polito: Foto arquivo

Com isso, pretendiam resgatar o prazer da leitura na tentativa de reescrever a memória da população mariliense. Só o Corbi tinha a chave do prédio, quando perdia a hora, os escritores ficavam reunidos em frente a um posto de gasolina abandonado próximo ao local. Quem passava pela rua com destino à feira de domingo, que ficava a alguns quarteirões dali, dava uma paradinha para ver o que faziam aquelas pessoas reunidas embaixo da cobertura do posto. Com o tempo, os escritores começaram a chegar mais cedo para exercitar as poesias, declamando-as em voz alta, o que chamava a atenção do pequeno público.

Não demorou e a mudança de lugar da associação foi anunciada. Gilson Vidal alugou todos os galpões. Como Benjamim era sócio do Rotary Clube de Marília Leste, conseguiu as instalações para as reuniões, que passaram a ser aos domingos. Foram apenas alguns meses, pois o local era distante para as pessoas que dependiam de ônibus. Iara Pauli, a secretária de cultura da época, ficou sabendo da dificuldade da associação e ofereceu o Clube de Cinema para os encontros aos domingos. Apesar da boa intenção de Iara, os sócios não gostaram das instalações em razão da pouca luz e da falta de ventilação.

Pouco tempo depois, com a chegada de um jovem poeta interessado em participar do grupo, a sorte pareceu rondar novamente a associação. Leandro se apresentou como presidente do Clube de Xadrez e disse estar sabendo da necessidade da mudança. Foi o que aconteceu! Leandro convidou o grupo para se reunir nos espaços do Clube de Xadrez, localizado na avenida Santo Antônio, no centro da cidade.

Esse intercâmbio de atividades culturais despertou interesse dos estudantes universitários, especialmente aqueles voltados a atender as expectativas da comunidade artística.

Como o Clube do Xadrez dependia de verbas públicas — e como sempre, a cultura é a última a ser atendida — mais uma vez a APEM teve de procurar uma nova sede. Outra mudança, agora para um prédio alugado, que também não durou muito, mas, pelo menos, o suficiente para a conclusão da oitava coletânea de poesias. Aos poucos, os integrantes da APEM foram se dispersando, essencialmente após o lançamento da última coletânea de poesias: Ideias Soltas, 2010. As lembranças do jantar de lançamento, que foi um sucesso, e do silêncio total no momento do anúncio da pausa das atividades culturais da associação, nunca se apagarão, assim como as dos encontros ao cair da tarde de sábado, as da sala, as do círculo de cadeiras amarelas, as da paixão comum pela poesia, as do entusiasmo dos colegas e as da expressão de sentimentos e de ideias.

Convidados e Escritores integrantes da coletânea Nosso tempo

Fonte: Corbi

Quando uma cidade descobre seus atalhos em direção à cultura, um novo ciclo se inicia. Eles são como vielas decoradas e rabiscadas com os pensamentos de cada artista que, por alguma razão, deixam seu nome escrito nas paredes desbotadas pelo tempo. Os artistas plásticos também registram as imagens de uma época, mas, muitas vezes, elas refletem apenas martírio, ingratidão, calvário, alegria, tristeza, angústia, revolta, desejo e crítica. São poucos os resultados positivos com a arte.

Certo dia, João Guerreiro, um solitário advogado e poeta português, pediu para Benjamim ler um dos seus escritos. Disse ele:

— Escrevi em um momento de muita angustia. Leia, se não gostar, pode jogar fora! Benjamim pôs a obra no bolso; Ao chegar em sua casa, a colocou na gaveta de rascunhos. Passaram-se alguns anos e Benjamim encontrou o escrito do amigo português, desta vez, leu com atenção. Percebeu se tratar de uma bela poesia, com um título bem forte Beijo Fatal. Benjamim gostou tanto que convidou o músico Laerte Marques para fazer o arranjo da letra/poesia. A música está disponível no Youtube. Também publicaram-se em vários livros e coletâneas com os escritos do português.

Beijo fatal

Vivo neste mundo inestético
Com essa ferocidade animal
Meu pensamento assimétrico
Confundindo o bem e o mal

No que escrevo eu sou eclético
Até mesmo quase irracional
Este meu olhar profético
Vislumbro o monstro infernal

É com o coração emético
Cheio de um amor anormal
Que abro meu amago poético
Frio cortante como um punhal

No dilacerante frio helvético
Conservo minha vida vegetal
Sucumbo esse meu amor ético
Como um cobiçado e rico metal

Inebriado no amor séptico
Disfruto a conjunção carnal
Neste coito cruel e patético
Recebo o contra feito o beijo fatal.

Os olhares solitários de alguns intelectuais parecem compreender perfeitamente uma obra artística, um morador, uma cidade provinciana. Benjamim recebe toda essa manifestação e tenta entender por que uma sociedade capitalista não reconhece a cultura como alimento da vida, por que a política trata os movimentos culturais com desprezo e por que a sociedade clama por conhecimento. A tentativa de Benjamim de levar, para a rua mais popular do centro da cidade, movimentos culturais, é recebida como um presente pelos artistas. Porém ela passa muito longe do alcance da grande maioria da população. Certo dia, um professor disse:

— Benjamim, pelo menos você oportunizou, à população, contato com diferentes culturas. Se você tem como objetivo conhecer a sociedade onde vive, acertou, está tudo pronto para começar!

Os poetas reclamavam do público, que não dava atenção aos trabalhos culturais. Quando abordadas para ouvir um poema declamado ao som de um violão solo, as pessoas diziam estar com pressa, que só estavam ali para comprar um livro. Artistas cantavam para os amigos, longe da atenção dos clientes da loja.

Os músicos diziam que, nos barzinhos, tinham mais atenção. Essa aversão da sociedade aos movimentos culturais, com raras exceções, registra bem o comportamento da população conservadora. Outra razão para falta de figuras comparáveis de centros culturais de outras cidades era mesmo a falta do hábito da leitura. Essas limitações das pessoas em abrir o caminho da alma, impede a arte de viver, pois elas não enxergam o vínculo de simpatia do pintor, do poeta etc. Poucos são os que sabem que o pincel do artista é o único meio de ele escrever, e que a voz do poeta é a forma dele expressar seus desejos.

Com o decorrer dos anos, Benjamim fez uma legião de clientes e muitos se tornaram amigos verdadeiros. Com eles, constatou um grande problema, que aborrece principalmente os adultos. As pessoas vinham até sua loja em busca de livros para solucionar suas angústias, buscar um novo emprego, melhorar o relacionamento familiar.

Eram as mulheres sempre tentando salvar o casamento com um bom livro, representantes comerciais precisando aumentar as vendas, donos de empresas em dificuldade financeira, a juventude em busca de sonhos etc. As vendas dos livros de autoajuda batem todos os recordes.

Aquele lugar, todo dia, por uma razão simples, punha um sorriso de alegria nas pessoas, pois encontravam, ali, a vontade de viver. Buscavam descobrir de onde vinham, quem eram e para onde iam.

Benjamim, mesmo sendo resiliente, já sabia que nada iria mudar para os poetas, mesmo com o sofisticado local no centro da cidade. As constantes mudanças de endereço da associação dos poetas eram o retrato da população: a cultura em segundo plano, sempre. Benjamim carrega a experiência de duas décadas em escutar os outros, em cultivar a arte do encontro, em parar para olhar e pensar. Pensando em tudo isso, ele reflete: "ou as pessoas que aqui vivem não têm conhecimento, ou acreditam que a cultura do outro sempre é mais rica que as suas, as levando a consumir e a dialogar em espaços fora de sua cidade". Como diz Fernando Pessoa: Tudo o que é bom dura o tempo necessário para ser inesquecível.

Pedras na madrugada

Benjamim tem um hábito singular: caminhar, sempre às quatro da manhã, por uma hora, três vezes por semana. Ele mora em um condomínio considerado poético até pelo nome: Costa do Ipê. Os idealizadores responderam avidamente à carência de um estilo novo e moderno, que atendesse aos aspectos ecologicamente corretos. Era tudo o que a cidade de Marília, com nome de moça, merecia!

Enfrentando o desafio desse novo empreendimento, os donos, estimulados pela experiência de longo período na Holanda, trouxeram a padronização da modernidade, tudo executado com detalhes e estilos europeus. Além do majestoso e sistemático projeto e das variedades de plantas, o que mais impressiona é a aparente naturalidade do condomínio, já que os profissionais responsáveis pelo projeto precederam a criação do moderno, do necessário.

As posições e os nomes das ruas constituem fontes de encantamento para quem passa, visita e, principalmente, mora ali. Benjamim construiu sua casa ao lado do pomar, na rua Canela. Uma pequena ilha de bananeiras, na beira da rua, indica o início do passeio; a imensa parreira, construída com madeira de eucalipto tratado, é o atrativo. Os pássaros sobrevoam as madeiras, mas dão lugar às crianças aos finais de semana! Há muita variedade de pés de frutas e as amoras são disputadas não só pelos pássaros, mas também pelos moradores. Mas, na verdade, é a criançada quem faz a festa! As estradinhas, construídas com pedras decorativas, levam a diversas viagens imaginárias. A grama bem cuidada enfeita o lindo ambiente de passeio.

Casa de Mário Milani ao amanhecer

Foto: Adaiton Ragazoni

Quando Benjamim construiu o prédio da livraria — cujas paredes foram recheadas de livros para compor um espaço cultural comercial —, conheceu Silvio Lopes Peres, renomado psicólogo, que, logo, virou frequentador das atividades culturais da livraria.

Certo dia, o profissional foi convidado para um bate-papo no programa de entrevistas, apresentado por Benjamim na TV, e comentou a inspiradora história de Ferdinando Cheval, que tropeçou, durante sua rotina diária de carteiro, em uma pedra.

No dia seguinte, voltou ao local e, a partir daquela data, começou a colecionar pedras. Com elas, construiu, em 1879, o Palácio de Cheval, uma das atrações turísticas de Paris, na França.

Essas lembranças levaram Benjamim a colecionar pedras por uma razão até matemática: em cada caminhada, na madrugada, recolhe uma pedra em uma das várias estradinhas decoradas do condomínio. As maiores são para marcar as caminhadas nas noites de chuva, nas quais Benjamim leva um belo guarda-chuva e vive intensamente as delícias da natureza, como o vento e o chuvisqueiro avisando que a chuva está por vir. Já as menores, simbolizam as madrugadas sem a presença da chuva. No verão, caminha sem camisa; no inverno, curte o frio intenso das madrugadas no rosto cheio de vigor.

Certo dia, o amigo Francisco — que não gosta de ser chamado de Chico — um dos poetas mais próximos de Benjamim, perguntou:

— Quantas pedras você já transportou?
Pacientemente, Benjamim respondeu:

O escritor Mário Milani e as pedras

Foto: Adaiton Ragazoni

— Perdi a conta, mas posso te responder quantos quilômetros caminho por ano! É uma conta simples: caminho três vezes por semana, 12 vezes por mês, portanto são, exatamente, 144 caminhadas por ano. Nessa lógica, as pedras correspondem ao número de caminhadas: 144!

Francisco ainda insistiu:

— Então, quantos quilômetros já caminhou?

— Preciso contar as pedras. Vou matar sua curiosidade! Matematicamente, caminho seis quilômetros. Se caminho 144 vezes por ano, é só fazer as contas: caminho 864 quilômetros por ano. Não vou construir um palácio, mas posso afirmar que as pedras marcam os prazeres da vida e alimentam o poder da imaginação, já que cada uma tem um mistério e não sabemos, ao certo, porque estão ali, de onde vieram e para onde vão. Só estou mudando seu lugar.

Para Benjamim, as pedras são como os livros deixados ou trocados nos sebos comerciais: eles viajam misteriosamente entre as mãos dos leitores apaixonados por cultura. A casa de Benjamim não fora construída com pedras, como o Palácio de Cheval, mas com os livros de sua autoria, que foram infiltrados entre as paredes, assim como ocorreu em sua livraria.

Livros que foram embalados infiltrados nas paredes da casa do escritor

Fonte: O autor

Cada rua do condomínio leva o nome de uma árvore, o que torna, para Benjamim, o local ainda mais mágico, já que se lembra muito dos ensinamentos do pai. Quando criança, Benjamim era um menino que amava o pai, acreditando e confiando cegamente em seus ensinamentos. Por isso, cada nome de rua remete a lembranças da época de sua vida rural. A Alecrim é a primeira do condomínio e é onde José Carlos, um amigo de Benjamim, está finalizando a construção de uma casa. José Carlos integra o conselho administrativo da Paroquia Maria Mãe de Marília e, por muitos anos, presidiu o asilo São Vicente de Paulo. Além disso, é devoto de Santo Antônio e, por coincidência, ou não, Alecrim constitui, para os romanos, a planta que simboliza o amor e a morte. Por esse motivo, é plantada próxima à soleira das portas das casas. Durante o período do Renascimento, a Igreja Católica queimava ramos da planta em seus rituais para perfumar o ambiente.

Eduardo e Milani escolhendo livros na ponte de madeira O Jardineiro e o Escritor

Foto: Adaiton Ragazoni

Benjamim vive fascinado pela magia das coisas da vida! Para ele, viver e andar é recordar os tempos no pátio da sua família. Quando os idealizadores construíram o Condomínio Costa do Ipê, Benjamim se atentou às espécies, comparando-as às poesias, que fazem as pessoas enxergar a vida com outros olhos. Cada nome incentiva o morador a conviver intensamente com a árvore da sua rua. Há, ainda, as mudanças a cada estação, como o nascimento de folhas e de flores, a presença da sombra e do perfume de cada espécie. No total, são onze ruas que compõem o condomínio, no qual se destaca a avenida das Guarirobas, o cartão de visita do lugar, já que seu trajeto encanta investidores e moradores.

Nomes de ruas do condomínio

Fonte: O autor

As outras ruas são Alecrim, Canela, Guaiuvira, Jequitibá Branco, Mutambo, Peroba Rosa, Louro Branco, Jacarandá Caroba, Guaiatá, Cedro Rosa e Angico. Nelas, de um lado, encontram-se as espécies que dão nome às vias e, do outro, os ipês, que dão nome ao condomínio. Por isso, Benjamim decidiu homenagear o local com um jogral, cujo título é "Meu Paraiso"

Alecrim / incenso da antiguidade
Canela / todo dia passo por ela
Guauvira / tom da viola caipira
Jequitibá Branco / árvore brasileira
Mutambo / sombra do calango

Peroba Rosa / sombra para uma prosa
Louro Branco / nuvens brancas de algodão
Jacarandá Caroba / casca que cura
Guataná / rima com guaraná
Cedro Rosa / poesia e prosa
Angico / madeira do rico...
Guariroba / coco, castanha, fruto do coqueiro
Folha da árvore / folhas dos livros
Cheiro da madeira / cheiro dos livros
Escritor escreve / o artista pinta com o lápis de madeira / que escreve nas folhas de papel da madeira da árvore
O galho que segura a folha que balança / para fazer a folha de papel do livro
A folha de papel que a criança desenha / o tamanho da árvore
A indústria faz o lápis de madeira colorido para colorir as flores que a árvore tem
A folha da árvore tem perfume / folha do livro também
Árvore dá a madeira que faz a folha / que faz o registro de nascimento e o convite de casamento.

As árvores do condomínio constituem verdadeiros santuários de canários e coleirinhas, que esbanjam alegria! A vegetação rasteira constitui um verdadeiro paraíso para os pássaros, como o Quero-Quero, que chama a atenção por viver em grupo. Eles são os guardiões do condomínio, eles não andam, mas sim desfilam, fazendo inveja às mais experientes e bonitas modelos das passarelas. Protegem os filhotes como guerreiros armados, prontos para atacar ao mínimo sinal de ameaça; seus esporões são verdadeiras lanças e eles estão preparados, o tempo todo, para aplicar voos rasantes, emitindo gritos em direção à vítima, como se fossem atacá-la, porém, geralmente, não o fazem de fato. Qualquer presença de indivíduos ou de animais durante uma estação reprodutiva é vigiada por alguns integrantes do bando, que impedem qualquer aproximação.

Quando Benjamim construiu sua casa, as portas de vidros reflexivos na entrada da residência chamaram a atenção dos Quero-Quero, que enxergavam sua própria imagem e andavam para lá e para cá o

Quero-Quero o encanto dos condomínios

Foto: Adailton Ragazoni

tempo todo, bicando forte o vidro. Muitas vezes, tal ação dava até eco na sala! Eles ficaram tanto tempo por ali, que acumularam sujeiras na entrada da casa. Foram colocados jornais e adesivos para intimidar os pássaros. Os vizinhos também davam sugestões, mas nada funcionava. Até que, com a aproximação do Natal, Sophia, esposa de Benjamim, enfeitou a porta com adereços natalinos e com um boneco do Papai Noel, que foi colocado em pé, na soleira da casa. Inesperadamente, essa foi a solução, pois os pássaros não mais apareceram. Porém basta recolher o boneco para que o bando volte a bicar a porta e a se olhar no espelho, numa espécie de "ensaio" para uma festa.

O projeto do Condômino foi concebido com o principal objetivo de conservar a natureza e sua contemporaneidade. Possui todas as benfeitorias modernas, tornando-se, assim, um lugar para se viver a intensidade.

"Palácio Ideal", de Ferdinand Cheval

Fonte: Wikipédia

Quer conhecer seus amigos? Escreva um livro!

Na vida, convive-se constantemente com a tristeza; às vezes, dentro do estado de solidão, compõem-se, profundamente, as emoções. Para alguns, a tristeza é fria e corta como um punhal. Este capítulo abordará as tristezas profundas vividas por pessoas — em sua grande maioria, vaidosas — dentro de uma imensa livraria. Charles Chaplin, na música Luzes da Ribalta, expressa sua profunda tristeza:

Vidas que se acabam a sorrir
Luzes que se apagam, nada mais
É sonhar em vão tentar aos outros iludir
Se o que se foi pra nós
Não voltará jamais
Para que chorar o que passou
Lamentar perdidas ilusões
Se o ideal que sempre nos acalentou
Renascerá em outros corações

Não teria Benjamim encontrado na vida ninguém mais poderoso que Charles Chaplin para inspirar a tristeza e a alegria através da arte, razão pela qual veio a este mundo. Encontrou, na letra acima, a verdadeira mensagem para tudo que será narrado neste capítulo.

Cena do filme Luzes da ribalta, de 1952. No ato, os atores Charles Chaplin e Claire Bloom.

Fonte: Wikipédia

Em muitos capítulos, abordou-se a alegria dos escritores, revelada através das estimas que nutrem entre si. Já este narrará a tristeza dos escritores ao se deparar com a realidade vivida justamente quando mais precisam daquele que, até então, era considerado o amigo verdadeiro.

Certa vez, Benjamim relacionou uma série de perguntas com simulações de respostas que gostaria de ouvir dos futuros escritores. Em muitos casos, as respostas não correspondiam aos desejos de Benjamim, mesmo assim, alguns escritores preferiam arriscar. A livraria é um local que funciona como um palco de teatro: se o diretor for bom e a história também, conquistam o público.

Certo dia, Edileia levou, até o escritório de Benjamim, o doutor Leonardo, um profissional liberal que dizia ter escrito um livro que já estava pronto. Sua intenção era lançar sua obra na livraria. Doutor Leonardo disse acompanhar, através das mídias sociais e da imprensa em geral, o sucesso e a alegria dos escritores nos dias de lançamentos.

— Doutor Leonardo, vou te apresentar nossa assessora de eventos.

— Não é preciso! Passe-me o contato para que minha secretária, dona Maria Augusta, alinhe os detalhes com ela.

O insensato dificilmente aceita conselhos. No ramo literário, nem sempre o poder aquisitivo é levado em conta, pois, na maioria dos lançamentos, o público ressalta a qualidade da obra e, principalmente, a humildade do escritor.

— Tem um exemplar para que nós possamos ver? — indagou Benjamim.

— Está no carro. Pode ficar tranquilo, é uma verdadeira obra--prima.

O doutor estava tão seguro com sua obra que não houve espaço para esclarecimento das etapas importantes de lançamento de livros. Benjamim é um apaixonado pela arte em todos os sentidos, nem de longe visava apenas ao resultado financeiro. Além de ter à disposição todos os espaços da livraria, os escritores também participavam dos programas de TV a cabo, um prato cheio para a divulgação na imprensa local. Havia, ainda, a revista cultural como fio condutor dos muitos ramos de atividades da loja. A cultura era o carro chefe das ações. A capa não era comercializada, servia apenas para divulgar empresas de sucesso, que apoiavam a cultura, pessoas ligadas a amplas ações sociais, visitas de artistas, escritores, celebridades da arte etc. Para tanto, os resultados financeiros eram atrativos, principalmente os de eventos de lançamentos na livraria. O reconhecimento era o trunfo da publicidade, com resultados sempre positivos para o veículo e para o escritor. Doutor Leonardo, estreante na área literária, disse não se preocupar com custos, pois queria uma bela festa de lançamento. Além disso, intencionava comprar duas páginas na revista. Não foi nada modesto quando disse ter gastado muito para imprimir seu livro, já que escolheu a melhor indústria gráfica do mercado. Benjamim tem uma equipe especializada, que cuida de tudo: dos convites, da seleção de vinhos, quiches e salgados, dos garçons treinados, dos fotógrafos, dos cinegrafistas etc. A imprensa, de um modo geral, sempre cobriu os eventos culturais a custo zero para a livraria. Na confecção dos convites, escolhe-se a melhor foto do escritor e o convite pronto fica em destaque, no caixa da loja, ao alcance dos clientes. No cartão deixado pelo doutor, seu sobrenome chamou a atenção de Benjamim, pois o fez lembrar de uma agência de publicidade cuja razão social era idêntica ao sobrenome do escritor. Edileia deu início ao processo de formatação do lançamento, entrando em contato com a agência, após saber que tal estabelecimento era do filho do Doutor Leonardo. Edileia não teve sucesso ao ligar para Alencar, o dono da agência, e gentilmente transferiu a ligação para Benjamim. Porém o rapaz, já irritado, foi direto e objetivo:
— Preferimos ficar fora dessa besteira de lançamento de livro. Não conte conosco.

Mesmo assim, Benjamim prosseguiu:

— Necessitamos apenas de uma foto do seu pai, não precisa se preocupar, temos um departamento que cuida das artes e da impressão do material de lançamento.

O jovem não queria saber de conversa, descartou todas as possibilidades de colaborar, ignorando a vontade do pai. Mesmo sendo dono de agência de publicidade, não enxergou e nem ouviu os argumentos do consultor literário. A insistência em convencer Alencar de que se tratava de uma ação benéfica a seu pai poderia gerar atritos. O amargo nas palavras do moço deixou Benjamim sem forças para purificar aquele coração duro e cheio de rancor. Benjamim refletiu muito para contar o ocorrido a Leonardo, pois este estava cheio de entusiasmo. Os sábios procuram cuidadosamente a sabedoria dos antigos, mas aquele pai não conhecia o pensamento dos filhos. Negar a realidade ou censurar o comportamento da família, revelando os bastidores para o escritor, poderia comprometer toda a programação do lançamento.

A experiência da ingratidão é cruel. Benjamim sentia, naquele lançamento, certa energia negativa, pois, em outras ocasiões, já havia testemunhado aflições dos escritores sem o apoio de amigos e de familiares. Como Leonardo era um profissional respeitado na cidade, Edileia convidou os escritores, poetas e alguns músicos para o lançamento, já que, por se tratar de amantes da cultura, eram os verdadeiros consumidores de histórias. Quando novas obras são lançadas, os autores vivem emoções que diferem da sentida em seu dia a dia. A ansiedade fica à flor da pele, é preciso, portanto, que os amigos e familiares se manifestam e se deixem contagiar pela alegria dos autores.

Livraria em noite de lançamento a espera de público

Fonte: O autor

Enfim, noite do lançamento! A livraria foi toda preparada com luzes amarelas e a agradável temperatura motivava a degustação de uma variedade de vinhos, escolhida pelo autor. O telão exibia o filme Meia noite em Paris, do consagrado Woody Allen. O violonista dedilhava clássicos da música popular brasileira. O autor chegou sozinho, vestindo um belo blazer claro. Sua fisionomia demostrava certa preocupação e ansiedade, normais da vida humana. Benjamim encarregou-se de apresentá-lo ao mestre de cerimônia e a alguns poetas e, respeitosamente, o garçom serviu uma água; ele preferiu com gás.

Quando perguntado sobre a esposa, disse que ela iria atrasar, pois estava com forte dor de cabeça. Benjamim não quis correr o risco de perguntar sobre os filhos. O cantor questionou Leonardo se ele possuía alguma preferência musical. O escritor disse não ter pensado nisso! O desespero notório do cliente escritor estava deixando toda equipe em pânico. Somente os convidados artistas estavam presentes. O vinho estava sendo servido, mas sem emoção, pois o ambiente não permitia. O cantor apresentava o repertorio agradável, porém sem entusiasmo, já que não havia clima.

De repente, um médico, amigo do escritor, chega na livraria. Imediatamente, os fotógrafos acionam suas lentes! O doutor comprou um livro, disse não poder ficar, pois estava de plantão e dispensou a taça de vinho. Diante de tanta aflição, Helena, a irmã de Benjamim, amante da leitura e que raramente perde um lançamento, visto que é uma incentivadora de movimentos culturais, comprou dois livros, um deles para presentear uma amiga enfermeira. Não foi possível pegar a dedicatória do escritor, que saiu sem se despedir, demonstrando desespero. Naquele momento, era apenas uma alma triste precisando desesperadamente do carinho da família. Ficamos diante de uma situação de lamentação, não podíamos nem botar a culpa no mau tempo ou em uma forte chuva, pois a noite estava maravilhosa, tudo estava a favor do protagonista. Passados alguns dias, o autor volta para fazer os acertos de contas. Não reclamou dos valores, só disse uma coisa, que marcou Benjamim para sempre: "quer conhecer seus amigos verdadeiros? Escreva um livro!"

Foram poucas as vezes que a falta de público frustrou os artistas, não tínhamos como sanar amarguras da alma daquele escritor, nossos planos são repetidos com total dedicação para todos, mas o sucesso do evento depende exclusivamente do autor. A conduta mais simples é sempre a mais difícil de se fazer. A vaidade, que toma conta das nossas ações, faz com que, por exemplo, o homem rico perca a ligação com o pobre: a partir daí, a humanidade despreza o homem rico orgulhoso. Foi o que o ocorreu com o escritor, que foi embora e abandonou o banquete por ele escolhido. Ou seja, ele não teve nenhuma satisfação com seus bens, pois sentiu-se pobre, triste e solitário na sua própria mesa. Um coração triste modifica o rosto. Naquela noite, os que estavam presentes compreenderam que a ausência dos amigos estava diretamente ligada à arrogância do autor.

Certa vez, a secretária Vera informou a Benjamim que um senhor meio estranho queria falar em particular, mas não na livraria, só adiantou que era sobre um livro. Benjamim insistiu em falar na sala de leitura! Vera voltou dizendo ser impossível, já que o homem não queria ser visto e nem que sua família soubesse que lá esteve.

— Fala para alguém o acompanhar até o café do feirante, já estou indo — disse Benjamim

A hora era bem oportuna, por volta das três da tarde. Um chocolate descia bem, o dia estava muito agradável com a aproximação do inverno. Chegando lá, o gerente da livraria despediu-se e deixou os cafés com chocolate pagos.

O homem, que chamava Jeremias, disse ser soldado tenente aposentado e ter um livro escrito, mas que a família não o deixava publicar, acreditando que iria gastar dinheiro à toa.

Benjamim fez apenas uma pergunta para o seu Jeremias:

— Como o senhor está de amigos?

— Vou ser sincero, tenho poucos, pois fui um tenente meio seco e fiz poucos amigos na corporação e na vida.

— O Senhor quer minha sinceridade? Na vida, para se ter sucesso, principalmente na carreira de escritor, precisamos do aval da família e da presença dos amigos. Pense bem e volte a falar comigo.

O sonho daquele homem era como um vaso quebrado, já que, após alguns dias, ele voltou convencido de que tudo não passava de um sonho e de que eu havia o "acordado".

Benjamim se recordou da triste sorte do insensato... Um outro caso lamentável foi o de um gerente de uma conceituada transportadora da cidade, que ligou para nosso departamento questionando sobre a possibilidade de entregar a encomenda de 1000 livros que estavam no depósito, já que havia tentado entregar ao dono, mas a família não aceitava. A livraria poderia se interessar, já que a editora não aceita devolução em razão dos contratos. Infelizmente, os livros foram destruídos na guilhotina de uma gráfica, e os papéis em tiras foram entregues a um depósito de papel velho, assim como o sonho de um escritor. Esses procedimentos assemelham-se à ingratidão das famílias de artistas, que desprezam os sonhos antes mesmo de consultar o próprio autor. É comprovado que, na maioria dos casos, autores bem-sucedidos financeiramente têm seus sonhos desprezados por suas famílias.

***

Muitas pessoas irão entrar e sair da sua vida, mas somente verdadeiros amigos deixarão pegadas no seu coração, de Charles Chaplin.

A conduta mais simples é sempre a mais difícil de fazer, de Mario Milani

*Um coração triste modifica o rosto, de Mario Milan*i

Santuário do saber

Começando com alegria de Jesus na multiplicação.

Mateus 14,17: Disse Jesus: — Mande o povo assentar-se. Havia muita grama naquele lugar, e todos se assentaram. Eram cerca de cinco mil homens. Então Jesus tomou os pães, deu graças e os repartiu entre os que estavam assentados, tanto quanto queriam; e fez o mesmo com os peixes.

A livraria abrigou aproximadamente 80 lançamentos de autores de Marília e região, momentos de alegria e emoção testemunhados por Benjamim. Diz-se que precisamos escrever ao menos um livro na vida. Por isso, Benjamim sempre apoiou os escritores e artistas da região, o que o tornou uma referência em conhecimento. Assim, é procurado para tirar dúvidas, indicar caminhos e atalhos, visto que uma publicação gera um alto custo, além de envolver o sonho de quem a escreve. Benjamim deixa claro para os novatos, e até para os mais experientes, que o difícil não é ter o livro pronto, mas sim o que fazer com ele depois! Para uns, o livro pronto é semelhante a um tesouro escavado, no qual contar histórias já constitui um ato de satisfação! Para outros, consiste em uma verdadeira pedra no caminho.

Benjamim acredita que publicar um livro é como uma rede que, jogada ao mar de forma correta, com estratégia, atrais os peixes — no caso do livro, se ele for bom e bem divulgado, todos os exemplares serão vendidos. As obras são como árvores: bem cuidadas, rendem ótimos frutos! A qualidade editorial influi muito na percepção do leitor, que, em casos de ter em mãos obras com capas bonitas, por exemplo, se sentirá muito mais atraído. O público também sempre reconhece os autores humildes, presenteando-os com a grande presença em lançamentos. Se um autor cativa seus amigos, consegue boas coisas nessas datas. Um livro é como escreveu Mateus 6/24: "aquele, pois que ouve estas minhas palavras e as põe em prática é semelhante ao homem prudente, que edificou sua casa sobre a rocha"

Os editores sabem muito bem quando um livro é escrito sem os alicerces da cultura. Com a experiência de possuir uma grande livraria, Benjamim criou uma espécie de "padrão" de conversa com novos escritores que batem à sua porta: perguntas com palavras-chave, que, se respondidas corretamente, podem dar sequência ao sonho. As respostas, geralmente, não são as que Benjamim gostaria de ouvir. Veja algumas delas e também o que Benjamim pensa sobre tais colocações.

Mario Milani no 3º pavimento da livraria

Foto: Adailton Ragazoni

— Qual o título do seu livro?

Se já tiver o título, Benjamim já se alegra.

— Como você está de amigos?

Se forem poucos, se entristece.

— Sua família é grande ou pequena?

O resultado está nas palavras da pergunta!

— Joga bola?

No esporte, fazemos amigos para sempre e sempre podemos contar com eles.

— Gosta de dançar?

— A dança alimenta nosso gosto pela vida.

— Serviu o exército?

O segredo da disciplina marcado para sempre.

— Qual o gênero da sua narrativa?

A certeza é fundamental!

— Participa de algum movimento cultural?

Todos aqueles que a seguem, adquirirão seu livro.

— Faz parte de algum clube de serviços: Rotary, Lions, Maçonaria?

O desejo de conhecer o caminho da sabedoria.

— Sabe o que é um protocolo?

Como será vasta a intenção de seu domínio.

— Já falou em público?

Plateia dos grandes oradores.

— Gosta de falar para as câmeras?

Brilham como o relâmpago e são como estrelas dentro dos lares.

— Qual a lembrança da sua escola?

Ela é a lei e os mandamentos que subsiste para todo o sempre.

— O que significa o teatro para você?

A voz da sabedoria, repletos da alegria, que lhes dará a glória do conhecimento.

— Visitou algum museu?

A veste de luto, os adornos da glória, amostra do eterno.

— Frequenta galerias de arte?

O fulgor dos olhos penetrou em seus domínios de paz; felicidade.

— Leu quantos livros no último ano?

Aqueles que não leem, não podem ficar ao lado da riqueza dos literatos.

— Para que serve seu celular?

Se for só comunicar, terás resultado, não deixe virar enfermidade...

— O que é uma livraria?

Para poucos. O santuário do saber.

Certo dia, Benjamim foi convidado, pelo secretário de administração da Prefeitura de Marília, para tomar um café. Na realidade, a intenção do secretário Luiz Rossi era mostrar alguns bilhetes que escrevera quando ouvia as propostas confusas do prefeito. Era fã incondicional de Benjamim e, durante o café, sempre citava trechos dos livros do amigo escritor. Luiz Rossi tinha o desejo de que Benjamim assumisse a secretaria da cultura algum dia, algo difícil, pois seus afazeres minimizavam tal hipótese. Rossi era aquela pessoa introspectiva, ficar próximo dele lembrava os professores com os quais Benjamim conviveu. Com o tempo, Benjamim conseguiu ler e entender o ritmo de seus bilhetes. De início, classificou-os como contos. As frases eram provocadas pelo ambiente político, Rossi ficava feliz com a companhia do colega e lisonjeado com a atenção dispensada pelo amigo. Era mesmo um momento de descontração para ambos; o secretário repetia suas frases: "eu não aceito tirar do pobre para servir um nobre", "qualquer dia, eu vou embora e não volto mais", "nunca vi coisa errada dar certo!" Volta e meia, escrevia longos textos. Foi quando Benjamim descobriu que estava diante de um verdadeiro escritor. Percebeu isso devido à forma da linguagem na criação. Suas crônicas categorizavam o mundo e, como toda obra literária, possuíam uma forma de rima poética e singular. Rossi era o autor legitimo da sua própria obra.

Rossi e os amigos Angelo e José Henrique em noite cultural

Fone: O autor

A arte de escrever não é apenas para alguns talentos ou uma forma particular de expor seus pensamentos. Em razão de atender a tantos novos escritores, Benjamim desenvolveu a sensibilidade de entender o gosto do escritor. Tudo isso faz parte do universo cultural, implantado na profissão do empresário livreiro. Benjamim aprendeu a desenvolver e a valorizar certas linguagens e formas de expressão, pelas quais o sentimento demonstra capacidade social. O secretário Luiz

Rossi participou de duas coletâneas de poesias, crônicas e contos, lançou seu primeiro livro solo, bateu recorde de público e foi o campeão de vendas entre os novatos. A alegria do escritor estava estampada em seu rosto e, principalmente, no dos convidados.

O filósofo francês Gaston Bachelard analisou esse mundo de valores e hábitos da vida adulta. Em seu Livro A Poética do espaço, ele afirma que a casa é o nosso canto do mundo. Ela é, como se diz amiúde, o nosso primeiro universo.

Depois de uma certa ausência, aparece na livraria o escritor José Neder, feliz da vida, homem de sorriso largo. Parece que, para ele, a vida consiste em uma eterna fonte de felicidade.

— Benjamim, tive uma agradável experiência em Aracaju: lancei, em parceria com um amigo poeta que mora lá, um pequeno livro de poesias. Estou pensando em lançar aqui em Marília, na sua livraria. Quero saber como funciona, quanto vou gastar, o que preciso fazer. Você sabe, eu tenho centenas de amigos.

José Neder de óculos, Mário Milani e o poeta Tadeu Martins

Fonte: O autor

— Meu amigo, José Neder. Se você já lançou seu livro em Aracaju, podemos fazer uma noite de autógrafos, não importa onde você lança o seu livro, depois de lançado, ele já não te pertence mais! Como você possui muitos amigos, podemos realizar uma bela recepção, afinal, são eles que brindarão à sua felicidade e compartilharão seus versos.

— Quero uma noite muito alegre e festiva, pois esse livro é fruto de muito trabalho e de muitas conquistas. Quero que meus amigos conheçam minhas poesias, contos e haicais. Vou recepcioná-los com um verdadeiro banquete, vinhos e champanhe.

Muitas vezes, diante de um comércio cultural especialmente comovente, que é o caso de uma grande livraria, ficamos admirados com tantos talentos distribuídos por todos os lugares. Ao mesmo tempo, sentimo-nos impotente diante de tantas opções de escritores de todos os gêneros. No entanto todos nós temos capacidade para nos expressar através de um gênero artístico. No caso dos escritores, o desenvolvimento depende de inúmeros fatores, ligados às condições de vida, já que a potencialidade de cada um não surge apenas das tradições familiares ou genéticas. O ambiente da livraria estimulou determinadas vocações até então adormecidas. Aos poucos, vamos indicando atalhos, destravando as aptidões e as vocações de grandes talentos. Muitos jovens apareceram com os escritos nas mãos, acompanhado dos pais. A timidez nesse universo infantil é muito profunda e os criadores da arte de escrever precisam familiarizar-se com alguns ingredientes; é como o bailarino que precisa adquirir primeiro habilidade para depois mostrar sua arte.

Chegou a grande noite de autógrafos do escritor Zé Neder— apelido carinhoso dado pelos amigos. Realmente Zé tem muitos amigos "escondidos". Octavio, o maestro, gringo, o artista gráfico e mais uma dúzia deles preparam um repertório com músicas escolhidas a dedo, pois sabiam que Zé se emociona fácil. Aquela noite de autógrafos ficou na memória do autor. É muito importante que entendamos algumas questões, visto que a escrita é uma arte que caracteriza o autor. Testemunhas sussurraram: estamos vivendo momentos deliciosos aqui, tudo é bonito, emocionante, o sorriso e a alegria das atendentes, a forma com que os garçons servem o vinho, o discurso emocionado do protocolo. A musicalidade no estilo dos artistas americanos, que marcaram a juventude dos amigos do Zé, constituía uma verdadeira sinfonia de emoções, que arrancaram lágrimas do poeta. Há momentos que valem mais que grandes riquezas. Um livro de poesias é como ouro e prata; é para sempre, pertence à eternidade. Zé Neder bateu o recorde de vendas de um livro de poesia na livraria. Mais de 500 pessoas estiveram presentes, o evento se estendeu pela madrugada, a garrafa do vinho Cabernet Sauvignon ficou reservada para o Zé brindar o sucesso do seu livro com os verdadeiros amigos, que choraram as emoções vividas naquela abençoada noite.

Ao trancar a livraria após o evento, Benjamim sentiu-se realizado em meio ao mundo encantado da literatura. Lá fora, sentiu o frescor da madrugada na calçada larga da rua São Luiz, no centro da cidade. A alegria depende da ótica de cada um e passa por ver, pensar e sentir o mundo. Benjamim tirou a barreira que impedia aquele medo de expor sua arte, tentou mostrar que a vida é um caminho só de ida e que a felicidade caminha juntinho da alegria. As coisas simples dão sentido às grandes conquistas!

***

E um homem disse: — Fala-nos do conhecimento de si próprio
E ele respondeu, dizendo:
Desejais conhecer em palavras aquilo que sempre conhecestes em pensamento
Gibran Khalil Gibran.

A fogueira da vaidade I

Benjamim começou a se interessar pela filosofia do Rotary em 1990, ano em que o país convivia com inflação nas alturas, medidas econômicas sem aviso prévio, momento quando muitas empresas desapareceram do mercado. Após a abertura do mercado interno a produtos importados, em muitos casos, a concorrência chegava a ser desleal — os produtos chineses inundaram o mercado, deixando os empresários brasileiros em uma tremenda saia justa. Influenciado pelo amigo Luiz, importante administrador público, Benjamim participou, algumas vezes, das reuniões do Rotary, para conhecer o seu funcionamento. Na oportunidade, encontrou vários integrantes do seu convívio, tanto do segmento comercial quanto do industrial.

Um fato ocorrido com Evaristo, um grande empresário, muito próximo de Benjamim, adiou a decisão de atender ao convite de Luiz, que, orgulhosamente, se ofereceu como padrinho, pois novos membros só são aceitos com indicação de um sócio. Benjamim guardou tal fato em segredo e, caso aceitasse ingressar na entidade, terá de revelá-lo. O episódio com Evaristo gerou dúvidas em Benjamim: ele estava receoso de ingressar na importante fundação, ao mesmo tempo em que seria a oportunidade de conviver com os princípios do Rotary. De início, ficou impressionado com a dedicação de cada um dos sócios, com a capacidade de comunicação e de realização de procedimentos. Também chamara a sua atenção as condutas do presidente, do secretário e do tesoureiro, que sempre agiam com companheirismo. A reunião ordinária focava sempre o tamanho da estrutura, o reconhecimento do mérito, das normas éticas e profissionais no âmbito público e privado, visando sempre à consolidação e à paz entre as nações.

Luiz consulta sempre o amigo sobre as novidades do mercado. Ficam horas sentados nos confortáveis sofás do escritório, colocando os assuntos em dia. Nunca chega de mãos vazias, sempre presenteia uma a uma das atendentes, ora com chocolates, ora com botão de rosas. Quando chega, seu cappuccino fica pronto em alguns segundos, sem que haja a necessidade de fazer o pedido. Apesar da situação do país, o ramo de Benjamim não fora afetado. Ele é um homem bem-sucedido, um gestor de negócios, cuja experiencia é oriunda lá dos tempos das grandes tipografias. No momento, Benjamim vive o conforto da solução em informática, atividade em alta no país e no mundo. Nessa oportunidade, Benjamim resolve revelar o segredo do amigo Evaristo, que fora convidado a ingressar no Rotary, mas não fora aceito, por uma razão, digamos, cômica.

Luiz havia sido claro sobre as regras de votação intransitiva — se um dos sócios não aceitar, o indicado tem de explicar a razão da recusa. Mas, se apenas duas pessoas reprovassem o candidato, o convidado não teria o direito de saber por qual razão não fora aceito e muito menos saber quem seria o adversário comunitário voluntário, já que o voto é secreto e, na cédula de votação, consta apenas sim ou não (um X identifica a decisão do sócio oculto).

— Luiz, preciso tirar uma dúvida antes de aceitar seu convite!

— Pois não, meu escritor, sou todo ouvidos!

— Certa vez, meu amigo Evaristo, um bem-sucedido empresário industrial, foi convidado a ingressar no Rotary, mas foi rejeitado, fato que o revoltou. A família, por muito tempo, procurou justificativa, os amigos não entenderam a razão de alguém tão qualificado na sociedade ser ignorado por um clube de serviço. Luiz, você sabe que não existe segredo que perdure por muito tempo, principalmente dentro de uma organização, desse modo, ele acabou descobrindo as razões da sua rejeição.

Benjamim continuou:

— Evaristo tinha um sítio, onde criava algumas vacas leiterias.

Certo dia, apareceu um senhor interessado em adquirir uma vaca para atender ao pedido da esposa, pois o casal acabara de comprar um sítio nos arredores. Evaristo tinha um grande carinho pelos animais, notório aos olhos dos vizinhos, por isso, raramente, desfazia-se de suas criações e, quando isso acontecia, era por uma razão muito especial. Informou, ao interessado, os cuidados necessários com a criação e até tentou tirar a ideia da cabeça do futuro sitiante. Passadas algumas semanas, o novo vizinho, dessa vez na companhia da esposa, que portava um bonito vestido vermelho, apareceu para insistir na compra.

— Minha esposa, Margarida, é apaixonada por vacas leiteiras e veio escolher uma para comprar — disse o comprador.

— Que prazer, Margarida! Disse, ao seu marido, que as vacas, como pode ver, são lindas, porém há um detalhe importante: é trabalhoso manter uma criação, principalmente de vaca leiteira!

Evaristo não resistiu aos dois interessados. O olhar de Margarida era como o de uma criança nas vésperas de ganhar um cachorrinho dentro de um petshop.

— Não sou vendedor de gado, mas em razão da sua insistência, vou abrir uma exceção para agradar sua esposa! Pode escolher uma do rebanho! Todas são cuidadas com o mesmo carinho, são da raça holandesa, de alta produção. Volto a afirmar que é preciso de ração de qualidade, pasto bem cuidado, silo apropriado, sombra, água boa. Dê a ela todo conforto necessário, pois ela precisa de bem-estar. Não se esqueçam das regras, associem isso tudo para o conforto do animal.

Evaristo prosseguiu com as recomendações:

— Por acaso, a senhora tem cachorro de estimação?

— Tenho duas cachorrinhas, são verdadeiras preciosidades da raça Poodle!

— Então me promete que vai cuidar da vaca do mesmo jeito que trata suas cachorrinhas?

Acabaram fechando negócio. Margarida escolheu a melhor vaca do rebanho, sem chifres, toda branca, com pequenos detalhes coloridos na altura das patas dianteiras, uma verdadeira joia!

— Vou indicar o comprador de leite, pois esta vaca produz 30 litros/dia. Além disso, ela tem um bezerro lindo e está no período de maior produção.

João Teixeira, o comprador, estava realizado, aparentemente um apaixonado pela mulher, Margarida, feliz da vida com a compra do animal.

— Não esqueça de cuidar bem desta vaca, vocês estão vendo como são tratadas, chame ela sempre pelo nome: Fortuna! Quem deu o nome a ela foi minha esposa. Só lembrando: os animais não gostam de tecido da cor vermelha. Existem, no mercado, botas confortáveis para lidar com animais — afirmou, aos risos, Evaristo.

Três meses após a venda, João Teixeira aparece e questiona sobre a quantidade de leite prometida por seu Evaristo.

— Estão tratando o animal como recomendei?

— Margarida pensou em tudo, disse o marido! — contratou o Carlos, conhecido como Kalu, que é nosso vizinho e possui algumas vacas também. Fizemos um acordo: dividimos as despesas de transporte do leite para o laticínio e pagamos uma pequena quantia mensal para tratar do animal. Pelas contas de Kalu — prosseguiu João Teixeira — a Fortuna está produzindo apenas cinco litros de leite por dia. Evaristo conhece bem a fama do retireiro, conhecido e muito esperto no trato com animais, tem as manhas e a malandragem da área rural.

Teixeira, você tem acompanhado a coleta do leite?

— Não, somente aos finais de semana. Moramos na cidade, deixamos tudo sobre a responsabilidade de Kalu.

— Tem alguma coisa errada nesse acordo! Arrume uma desculpa para o Kalu, combine com ele, para, no domingo deixar a Fortuna na cocheira, apartada do bezerro, que vou verificar o que está acontecendo. João Teixeira, meu caro amigo, você não tem noção do que as pessoas são capazes!

Chamamos de marinheiros de primeira viagem as pessoas da cidade que compram um sítio. São enganados, em todos os sentidos, pelos aproveitadores das redondezas. Evaristo descobriu que Kalu ficava com a maior parte do leite produzido pela Fortuna. Perante a situação, não restou outra opção: convencer Teixeira a desfazer o negócio. Muito decepcionada, Dona Margarida não quis nem participar de tal desfecho. Teixeira confessou que Margarida não nasceu para cuidar de vacas. João devolveu o animal completamente desnutrido, cheio de carrapatos e muito magro. Evaristo, com pena do animal, devolveu todo o dinheiro, assumindo o prejuízo. Depois, levou Fortuna para se juntar ao rebanho novamente.

— Passados alguns anos do episódio, meu caro amigo Luiz, Evaristo foi convidado a ingressar no Rotary. Essa é minha intriga! A grande coincidência: João Teixeira era sócio do Clube em que Evaristo ingressaria. Como você acabou de informar, se dois sócios não aceitam, não se toca no assunto. Foi exatamente o que aconteceu! Evaristo descobriu que sua rejeição foi causada por João Teixeira. Alegando ter feito negócios malsucedidos com Evaristo, João, motivado pela esposa, Margarida, recusou a presença de Evaristo na fundação. A participação da esposa na organização tem um certo conceito, tanto que a presença dos cônjuges nas reuniões é fundamental. Nessas profundas contradições, a vaidade surge como um elemento forte de chantagem. Evaristo sofreu muito com esse acontecimento, sem poder justificar sua intenção, já que era querido pela maioria dos sócios do Clube que o rejeitou. Luiz, a amizade de Evaristo é como a nossa, verdadeira, sincera e honesta, por isso, não concordo com a maneira como julgaram meu amigo.

Continuou Benjamim

— De acordo com Ivan Santana, "o julgamento mais injusto é proferido por aqueles que não conhecem os bastidores da sua vida! Julgar alguém sem conhecer é como condenar um inocente por um delito que nunca cometeu".

— Benjamim, às vezes, perdemos pessoas especiais sem conhecê-las de verdade. Vamos levar o Evaristo para o meu Clube? — indagou Luiz.

— Infelizmente, Evaristo foi vítima de um acidente quando voltava de seu sítio, acabou falecendo, não resistiu aos ferimentos. Levou consigo esses dissabores, nunca compreendeu tamanha ingratidão com um homem trabalhador, religioso e apaixonado pela família.

— Meu caro Benjamim, tem coisas nessa vida que não compreendemos. Estou no Clube há mais de 40 anos, sou um dos fundadores e essa regra é praticada há muito tempo!

— Concorda que não é correta? É uma conduta displicente!

Ninguém tem o direito de condenar alguém sem saber de quem se trata. Onde está escrito que uma eleição é decidida pela minoria?

Evaristo teve dois filhos, duas filhas e um neto, que não se conformavam com o fato de ele ter sido rejeitado. Sua esposa, Dona Matilde, toca violino e, uma vez por semana, leva um pouco de paz, através da música, aos hospitais da cidade. Além disso, é a maestrina do coral da igreja matriz. Mesmo vivendo essa paz, ela entendeu a rejeição como uma injustiça e a lamentou muito.

A imagem pública do Rotary para aquela família ficou abalada — é como um cliente mal atendido em qualquer atividade: os resultados são irreparáveis, o poder de autodestruição de uma organização começa com um sócio despreparado, egoísta e sem noção. A vaidade é tão grande, que muitos se esquecem até que, muitas vezes, a arrogância nos faz perder oportunidades — de reencontro, de entendimento, de esclarecimento etc. Há várias ocasiões que podem ser valiosas para reparar antigos atritos.

— Luiz, tenho que ir à Prefeitura na sexta feira!

— Podemos tomar um café?

— Vou falar com minha esposa e te dou a resposta.

O Rotary pode ser a oportunidade para entender melhor os seres humanos, pensou Benjamim. Por isso, acabou aceitando o convite do companheiro Luiz. A noite festiva de posse foi coroada de alegria; os amigos cantores recepcionaram o novo sócio com a canção Amigos, de Milton Nascimento. O ponto principal da cerimônia foi a entrega do botton de novo integrante do Rotary, momento registrado, em detalhes, pelos jornais da cidade.

Benjamim levou para casa uma pasta contendo a agenda anual das reuniões, todas as metas e uma flâmula. A lapela do seu paletó abrigava o distintivo do Rotary. Já em sua casa, ao ler o manual de procedimento, um detalhe chamou sua atenção: a prova quádrupla. Foi criada em 1932 por Herbert J. Taylor, quando os Estados Unidos passavam por uma crise.

1 – É a verdade?

2 – É justo para todos interessados?

3 – Criará boa vontade e melhores amizades?

4 – Será benéfico para todos os interessados?

Benjamim passou a questionar algumas regras entre os sócios, mesmo reconhecendo que as ferramentas da organização são poderosas. O Rotary internacional é reconhecido no mundo como uma séria instituição, espalhada por 185 países, de homens de negócios, de projetos de inúmeras naturezas e de ajuda internacional. O caso do amigo Evaristo nunca saiu da cabeça de Benjamim. Com o tempo, ele começou a perceber que a questão dos clubes de serviços não é tão simples. São muitos sinólogos e literatos de respeito que integram a organização, desse modo, ele não poderia questionar a prova quádrupla da organização mais antiga dos clubes prestadores de serviços. Eram muitos pensamentos soltos, que se perdiam com os projetos dentro e fora do clube.

A lei das escolhas de novos companheiros, como regra, é dura, vem de uma tradição dos manuais antigos, dos estatutos envelhecidos e, principalmente, do regimento interno. Todos têm que ser atualizados. O ego e a vaidade de alguns integrantes comprometem alguns clubes, que não buscam evoluir os pensamentos. Essa postura do regime intriga Benjamim, porém uma andorinha sozinha não faz verão.

O tempo foi passando, Benjamim procurou esconder, de si mesmo, aquele sentimento de injustiça com o seu amigo, já falecido. Mesmo assim, de certa forma, tornou-se um apaixonado pela fundação rotária. Como presidente, tentou inovar, levando as reuniões para modernos salões de eventos, nos hotéis de companheiros, com o singular objetivo: permitir, às esposas, aos filhos e aos sócios, conhecer as atividades dos companheiros. Para os convidados, era a oportunidade de se associar ao Rotary, de conhecer as instalações e as atividades dos bem-sucedidos sócios. Preocupado com a cultura, seu objetivo maior, também promovia reuniões em escolas de inglês de propriedade de seus companheiros. Nas poltronas confortáveis do anfiteatro da escola, encerrou as reuniões itinerantes da sua gestão no clube de cinema da cidade e foi surpreendido ao saber que a minoria presente conhecia a sala de exibição. Ainda durante sua gestão, compôs uma música, inspirada na poesia água viva, que serviu para o tema do filme Guerra da Água, documentário que atravessou fronteiras, pois foi exibido nos distritos rotários de vários países, levado pelos jovens intercambiários dos clubes.

No clube, exerceu todos os tipos de atividades. No distrito, tornou-se conhecido pela dedicação às questões ligadas ao meio ambiente e à cultura. Nas conferenciais, era presença garantida; nos seminários, o primeiro a chegar e o último a sair. Nos clubes da cidade e da região, apresentava a verdadeira imagem de seu clube, pois dizia que um bom rotariano avança sem desejar glória. Seu desejo era apenas levar a imagem pública do Rotary ao encontro das comunidades. Os jovens do Rotaract, entre 18 e 30 anos, eram seus seguidores, pois admiravam seu apreço à literatura. Benjamim exerceu quase todas as funções de um Clube Rotário. Sua dedicação aos amigos de outros clubes era plena. Quando perdeu seu grande amigo, o famoso doutor Hilário, escreveu uma crônica, dedicada à família e aos companheiros do distrito 4510.

Doutor Hilário Maldonado
Rotary Clube Marília

Fonte: O autor

Benjamim guarda preciosas recordações dos encontros com doutor Hilário, como gostava de chamá-lo. Hilário, ao apertar sua mão, olhava Benjamim com seus olhos grandes e seguros, dizendo:

— Como vai você?

Alegre, Benjamim respondia:

— Preciso saber da sua vida!

Hilário sempre se referia a Benjamim, sorrindo, como “meu caro amigo poeta”. Os dois foram companheiros de gestão presidencial no distrito 4510 do Rotary. Certo dia, numa conferência em Águas de São Pedro (SP), ele confessou:

— Benjamim, se eu soubesse que ser presidente do Rotary era

tão bom, teria feito isso mais cedo!

Já em um encontro casual no escritório do doutor Pedro, advogado e amigo em comum, estava presente também Hilário. No refeitório local, onde foram tomar um café, Hilário, sempre muito atento, perguntou:

— Benjamim, meu escritor, diga-me, qual é o seu objetivo de vida?

Sem hesitar, Benjamim respondeu:

— A felicidade.

— E qual é o seu objetivo, meu médico famoso? — devolveu Benjamim

— Salvar vidas, meu caro poeta.

Doutor Hilário voltou-se, então, ao advogado:

— Vamos lá, meu querido intelectual advogado, Pedro. Qual é a sua filosofia de vida?

Como um pensador e leitor assíduo dos grandes autores, respondeu:

— A minha filosofia de vida é agir como um prisioneiro que cava um túnel para alcançar a liberdade. Essa é a coisa mais preciosa da vida: sou o defensor da liberdade.

Já em uma festividade nas dependências do Hotel Sun Valley, os amigos brindaram as muitas façanhas. Benjamim falou sobre o maior público que já reunira em suas palestras. O doutor Hilário, por sua vez, citou eventos do Rio de Janeiro, de Curitiba, além dos realizados em cidades internacionais, com milhares de pessoas.

— E o menor, meu caro doutor?

— O menor (e melhor) público é o meu cliente. Passo horas falando com cada um deles; são almas boas, cada qual com um brilho diferente no olhar.

Benjamim comprovou isso no dia que ambos foram nomeados presidente do Rotary. Hilário disse:

— Benjamim, nesta gestão, quero fazer um check up em todos os presidentes eleitos da minha cidade. É uma maneira de me aproximar de todos.

Benjamim teve a felicidade de ser examinado pelo mestre da saúde, numa consulta que durou horas, na qual percebeu o quanto era amigo do querido doutor Hilário. É preciso ouvir os justos, porque conservam, no coração, as próprias riquezas. O maior líder de todos os tempos será sempre lembrado por coisas bem simples, pois, nelas, é que estão as grandes amizades.

Benjamim sofreu outra grande perda. Morreu, aos 90 anos, o professor Domingos Viggiani. A trajetória do amigo era uma das mais completas em termos de vida dedicada às causas rotárias e ao ensino universitário. Domingos era, na verdade, o consultor literário de Benjamim, tanto que presenteou o amigo prefaciando seu livro Uma Pedra no Caminho. Era o conselheiro do distrito, foi presidente e governador distrital, deixando diversas realizações para o universo rotário.

Domingos Viggiani, companheiro Rotariano

Fonte: Arquivo Rotary Marília Leste.

O mundo coloca, diante de nós, pedras preciosas. Domingos foi uma delas, visto que ensinou, na sua trajetória de professor, o segredo para assimilar cada uma das pedras colocadas em nosso caminho. Passou pela vida semeando sabedoria, conhecimento e vontade de viver. Doutor em Matemática e Estatística, publicou seis livros. Foi professor titular da Unesp, Campus de Marília, em regime de dedicação integral à docência e à pesquisa. Benjamim passou a conviver com Domingos no Rotary. Homem de alta inteligência e impecável cultura, com todo seu talento de educador, vibrava com os projetos nacionais e internacionais do Rotary, onde foi sócio por mais de 40 anos. Sua dedicação era plena. Sempre ressaltava a importância de viver o lema "dar de si antes de pensar em si". Foi presidente do Clube e, como governador, fez sua história no distrito 4510. Destacava-se sempre, com seus discursos emocionados, sem perder seu alto espírito de solidariedade humana. Era presença garantida nas mesas diretoras dos seminários e das conferências distritais. Bom em fazer amigos, constituía figura serena nas noites calmas nas festivas nos clubes de serviços. Orador, admirado por falar com talento e com o coração, estimulou, com coragem, os novos presidentes. Sabia saudar, como ninguém, um novo companheiro. Emocionava, com palavras carinhosas, os cônjuges nas noites festivas.

Sempre estava com sua inseparável filha. Era possível perceber, no olhar da bela moça, a admiração e o cuidado com seu querido pai. Seu capricho de homem e pai educado, fino, elegante, fazia com que puxasse a cadeira para a filha, demonstrando seu lado humano e cordial. Era notório o grande amor entre pai e filha. Benjamim guarda boas recordações do saudoso amigo. Nos encontros semanais nas reuniões do clube, Viggiani dizia:

— Hoje me lembrei de você, Benjamim. Estou lendo, de novo, Machado de Assis.

O escritor ficava todo vaidoso quando ouvia elogios dos amigos, que diziam, em tom de brincadeira, que ele era o poeta do clube e o homem defensor das águas. Em uma dessas brincadeiras surgiu o convite para Viggiani prefaciar livro Uma Pedra no Caminho. Ele aceitou de imediato. Quando entregou o texto, ouviu de Benjamim:

— Você não leu, você estudou o livro, tamanha dedicação à obra.

Como se não bastasse, ainda apresentou Enzo para prefaciar seu outro livro, Fazenda do Estado, por uma razão — e bela coincidência — ambos foram proprietários de sítio na Fazenda do Estado. Não posso relacionar, nesse pequeno extrato, as inúmeras aventuras culturais que viveram juntos.

O paleontólogo William Nava foi o último felizardo a receber, das mãos do professor Viggiani, a menção que levava seu merecido nome, honraria dedicada, anualmente, a pessoas de destaque, pelas descobertas e pelos relevantes serviços prestados à comunidade. O maior líder de todos os tempos será sempre lembrado por coisas simples, porém imprescindíveis, pois é na simplicidade que se encontram as grandes amizades e a fé no outro.

Homenagem ao meu amigo e companheiro

Professor Domingos Viggiani *(in memoriam)*.

Por algumas razões, Benjamim sabe muito bem como funcionam as ferramentas do Rotary. Elas são importantes para as comunidades carentes, pois a instituição é conhecida como uma forte provedora da união de profissionais. Os rotarianos estão vivenciando, a cada dia, a concretização de projetos no mundo inteiro.

Moradores das comunidades vêm expressando gratidão pelas parcerias de grandes empresas. Um dos exemplos significativos são Bill e Melinda Gates, que têm contribuído com ajuda financeira para proteger crianças do mundo inteiro da paralisia infantil. Como visto, não há uma única coisa que não se encaixe na ferramenta chamada Rotary. Não importa em que país você esteja, na medida que o sócio conhece a organização, passa a saber da sua amplitude global.

Uma das necessidades fundamentais dos clubes é aumentar o número de associados, tarefa que está se tornando um verdadeiro desafio para os novos presidentes e governadores distritais. Isso porque as pessoas estão cada vez mais inseridas no mundo virtual; é difícil tirar o celular de suas mãos. A relação entre o avanço da tecnologia e o conforto do lar, simbolizada por telas de tevê cada vez maiores, constitui uma das responsáveis por tal cenário.

A livraria

Inebriado pelo encanto de algumas livrarias de Curitiba, a capital paranaense, Benjamim enxerga, nelas, um atraente modelo, o qual pode ser adotado em seus negócios. Também fica encantado com as expressões estampadas nos rostos dos habitantes, que transmitem a sensação de bem-estar da cidade moderna. Benjamim, durante duas décadas, viajou a trabalho por aquelas regiões, conheceu centenas de livrarias na capital e muitas outras espalhadas no interior. Notou uma gama muito ampla na sua área de atuação. Essa obsessão — a de fazer coisas diferentes ao mesmo tempo no mundo dos negócios — impulsiona Benjamim a pesquisar novas possibilidades comerciais. No centro da capital paranaense, Benjamim não mediu esforços até encontrar um bom restaurante perto de uma livraria, pois seu lazer, após almoçar, é passar horas folheando livros. Essa sintonia, somada aos seus desejos, contribuía com seus conhecimentos, saberes e olhares sobre a formação histórica das cidades. Dentro de sua atividade, um novo cliente seguia quase como uma posição natural. Nessa perspectiva, de alguma forma, eram os livros a sua maior ferramenta de trabalho. Por onde passava, não deixava o estabelecimento sem antes levar mais que um exemplar para sua biblioteca.

Nas décadas de 1970 e 1980, Benjamim já era um bem-sucedido homem de negócios. Atuava no ramo de impressão de pequenas e grandes tiragens e foi distribuidor exclusivo de vários equipamentos para editoras e indústrias gráficas. Seus maiores fornecedores estavam concentrados na capital paulista. Nessa época, seu café preferido era o da rua 7 de abril, no centro de São Paulo. Aquele local concentrava muita energia cultural, oriunda de pequenos grupos (predominante) de comerciantes, que constituíam os verdadeiros protagonistas da área central. Os dias de inverno de sol à meia altura no final da manhã abrilhantavam aquelas ruas estreitas, que alimentavam o grande sonho de Benjamim.

Por muito tempo, pernoitou no Hotel Broadway, na avenida São João, por algumas razões específicas: perto dali, havia uma grande concentração de comércio de livros usados, as famosas salas de cinema, além do respeitado Teatro Municipal. Ele conhecia quase todos os museus históricos do local. Também nessa região, Benjamim comprava os ternos da moda, pois, nessa época, constituíam um item obrigatório para um bem-sucedido comerciante. A Galeria do Rock era o paraíso da cultura musical.

Benjamim não é eclético, apenas na literatura e na música. Sempre admirou os ritmos: de Raul Seixas a Luiz Gonzaga; de Roberto Carlos a Rita Lee; de Neil Diamond a Beatles. Também admira os imortais Elvis Presley e Fred Mercury.

Interior da Catedral da Sé, em São Paulo

Fonte: O autor

As catedrais da redondeza constituíam os verdadeiros abrigos da fé para Benjamim. Ao percorrer todas as 14 estações da Via-Sacra no interior da catedral da Sé, veio à lembrança de quando escreveu o pensamento: "Quando achar que tudo lhe foge ao controle, entre em uma igreja e percorra, uma a uma, as estações da Via-Sacra. No final, verá que sua situação está longe do real sofrimento e, ao sair, sua vida mudará, pois terá descoberto qual é a trajetória de um líder". livro O doutor e o empresário, página 17.

O tempo passou, tudo mudou. Já no ano 2000, as convenções comerciais passaram a ser realizadas nos modernos e sofisticados hotéis da avenida paulista. Os escritórios de fornecedores importadores concentraram-se nos principais prédios comerciais no centro paulista. O que não mudou foi o hábito de Benjamim, apenas os endereços nos quais ele o exercia. O café, agora, era degustado em livrarias como Cultura e Saraiva, locais onde Benjamim passa horas junto às pessoas que gostam de sonhar e de viver intensamente o prazer da leitura. Artistas, escritores e poetas, através das suas obras consagradas, espalhadas pelos setores desses estabelecimentos, tecem o poderoso fio condutor, capaz de emocionar, de gerar comportamentos, de influenciar e de despertar a motivação necessária para o sucesso nos negócios. Aquele oceano de arranha-céus, de ruas e avenidas movimentadas, de linguagens, de costumes e de sotaques do mundo inteiro, desperta o espírito dos investidores.

O olhar do poeta Benjamim define os contrastes extremos da grande capital, despertando, no seu processo criativo, o desenho de um novo negócio, inspirado nas grandes exposições do majestoso e arquitetônico prédio do Museu de Arte de São Paulo (Masp).

Certa vez, em uma conversa de amigos empresários, André, dono de uma rede de restaurante, questionou Benjamim:

— Estive, convidado por um jovem amigo de meu filho, em uma palestra desses líderes coach, pessoas cheias de ações, que dizem ter soluções para tudo nas empresas. No momento dos debates, um convidado questionou: "no meu modo de ver a vida, um palestrante, para falar de soluções para empresas, teria de ter quebrado uma vez!". O jovem ficou numa tremenda saia justa! Tentou explicar, sem sucesso, no seu conceito. Aquela ocasião foi útil apenas para as pessoas entenderem que é preciso preparo para assumir determinadas situações. Faltou, para o jovem, exatamente a experiência ou a leitura de mais livros, como O Monge e o executivo, de James C. Hunter, no qual o autor evidencia a essência da liderança.

Benjamim entendeu perfeitamente a colocação do colega empresário, pois lembrou dos verdadeiros e famosos palestrantes. Foram muitas as oportunidades de troca de livros de Benjamim com colegas nos encontros de trabalhos pelos palcos da vida: Othon Cezar, Luis Carlos Tejon, Augusto Cury e por aí vai.

Com o tempo, a participação poética de Benjamim nas grandes convenções de negócios, que chegavam a durar semanas, passou a ser rotina, até para quebrar um pouco o cotidiano de tanto treinamento e de longas palestras sobre metas. Os diretores das empresas fornecedoras conheciam bem sua vocação para a literatura. No início, após declamar uma ou duas poesias ou até comentar sobre crônicas motivacionais, Benjamim sorteava livros de sua autoria, o que gerava vendas posteriores de suas obras pelo país afora.

Capas dos três primeiros livros de Benjamim

Fonte: O autor

Durante suas apresentações, deixava muito claro que, para vencer na vida com os negócios, é preciso olhar sempre o que está ao alcance. O trabalho se torna mais gratificante e lucrativo se percebermos o amanhecer de cada dia, pois eles nunca são exatamente iguais. O mesmo acontece com o pôr do sol e com as fases da lua; as mudanças são necessárias, e é a natureza que coloca, ao nosso dispor, todos os dias, esses ensinamentos, totalmente gratuitos. Algumas poesias de Benjamim tornaram-se obrigatórias nas aberturas ou nos encerramentos das palestras nas convenções de trabalho, até como incentivo à leitura aos empresários distribuidores. A poesia O artista era uma das preferidas do escritor e do público.

O Artista
Eu era pequeno e o meu pai já me dizia
Quando a esmola for demais, filho, desconfia
Quer ser um campeão? Corra para chegar à frente
Se não conseguir, filho, tente novamente
A minha mãe sempre falou que eu tinha que estudar
Foi um sufoco danado, mas passei no vestibular
Diploma na mão e alegria de começar a trabalhar
Mas quando me formei, meu presente foi um violão
Comecei cantando, ali, para os amigos do quarteirão
Hoje canto para a multidão
O meu pai deu e ninguém tira, meu diploma e meu violão.

Mesmo com tamanha dedicação ao conhecimento nas tardes livres na capital paulista, Benjamim raramente encontra parceiros de negócios para acompanhá-lo até a Livraria Cultura. Nas raras oportunidades em que isso ocorre, sempre tenta explicar, para aqueles que reclamam de tudo na vida, que não é o dinheiro ou os bens materiais que trazem a alegria de viver. Muitas vezes, Benjamim percebe que sua luta é em vão. Sente que a falta de conhecimento torna muitos empresários paralisados nas suas empresas, enquanto o mundo passa por eles. Para muitos empresários, o livro é como o diabo que foge da cruz!

A liderança de um empresário é percebida nos pequenos detalhes e nas escolhas. Algumas dessas escolhas são fundamentais! Quando os empresários aceitavam os convites de Benjamim, nem de longe enxergavam a beleza de caminhar pela misteriosa Avenida Paulista ao anoitecer. Também tinham dificuldade em ver a vida através dos livros. A capital paulista, através das inúmeras possibilidades de crescimento pessoal e empresarial, está disponível para aqueles que querem alinhar as boas intenções aos negócios.

Novo dia de treinamentos. Era notório o desespero de alguns distribuidores no café da manhã e as diferenças de comportamentos em razão da noite mal dormida. Aqueles que foram dormir após o jantar, pensando em descansar depois de um dia de aprendizado, pois acompanharam Benjamim para apreciar as belezas da cidade e comprar livros, estavam radiantes e interessados em cumprir as metas dos fornecedores. Já os que preferiram as boates rotativas da rua Augusta e os que deixaram fortunas no Café Photo, ocupavam as últimas cadeiras. Alguns não suportavam a forte dor de cabeça oriunda do Whisky falsificado. Eram obrigados a deixar o compromisso de trabalho e voltar ao apartamento. Havia também os debruçados sobre a mesa, cheios de doenças de caráter, de consciência pesada e de arrependimento. Estes morriam de sono, pois haviam perdido a noite, de alto custo e fracasso. Enquanto isso, os verdadeiros líderes estavam à frente, preparados para cumprir as metas da convenção.

Benjamim tem um hábito até engraçado e sigiloso, mas não pode praticá-lo em todas as livrarias, apenas nas de aeroportos. Ele escolhe a vendedora aparentemente mais simpática e pede o livro Fazenda do Estado. Geralmente a atendente, feliz por efetuar a venda, é surpreendida quando Benjamim volta após o pagamento no caixa e pede uma caneta. Ele olha no crachá, faz uma bela dedicatória e entrega o livro de volta para a moça, que, surpresa, abre a publicação. Quando ela lê a dedicatória, Benjamim imediatamente percebe a alegria da atendente em constatar que está à frente do escritor. O gesto torna o efeito altamente positivo, a emoção da moça é tamanha, que Benjamim não sai da livraria antes de conhecer o gerente e toda a equipe, com os quais saboreia um delicioso café.

Em alguns momentos, é preciso olhar para nós mesmos. Considerar o porquê de termos chegado até aqui, perceber se é hora de diminuir ou de aumentar a velocidade dos negócios, constatar a necessidade de se olhar para a cidade, para a nossa atividade e pensar como prepará-las para o futuro, ou seja, elaborar um projeto que agrade o olhar da nossa gente. No início de 2010, Benjamim não precisava mais ir até as livrarias, montou a sua, inspirado pelas andanças nas livrarias de todos os tipos, das mais humildes às mais sofisticadas. Na realidade, o objetivo maior do escritor era conhecer o comportamento das pessoas, realizar o sonho de ter uma livraria, viver intensamente o chão do comércio mais sofisticado e desejado de um ser humano, mesmo consciente de que lidaria, em sua cidade, com uma população considerada conservadora e de pouca leitura.

Benjamim criou, dentro de seu mercado, um verdadeiro exercício do seu dom natural. O local era apropriado para fazer tudo o que gosta, sempre acompanhado por amigos escritores, poetas, artistas e empresários. Também abria espaço para os corajosos demonstrarem seus talentos. Público garantido todos os dias! Clientes e expectadores não pagavam ingressos, mais deixavam o lucro dos produtos vendidos. O mercado criou uma espécie de solução para tudo e tudo estava disponível nas prateleiras, bastava que as pessoas tivessem o hábito de ler e criassem metas para obter sucesso profissional e pessoal.

Lançamento do livro "Tesouros escondidos" dialogo do escritor Benjamim e o paleontólogo William Nava.

Fonte: O autor

Com o tempo, Benjamim criou, no espaço interativo da livraria, uma espécie de exercício, para que as pessoas pudessem se dedicar ao conhecimento de si mesmo, aos prazeres intelectuais, poéticos, musicais e artísticos de um modo geral, para desenvolver, em cada artista, aquilo que ele tem de melhor, por meio dos conhecimentos da cultura e do voluntariado. Benjamim sempre fecha esse movimento cultural sobre temas importantes. A ideia é refletir sobre os conceitos da leitura, para tanto, não mede esforços para falar de temas do cotidiano, como água, violência, vida, poesia, negócios etc.

Benjamim não abria seu comércio, a chave sempre ficou no poder de seus funcionários. Também não fechava, preferia sair junto com seus clientes até a larga calçada em frente à livraria. Era nos exercícios culturais, perante o público, nos sábados, que nasceu a ideia de falar dos temas preferidos, alguns, lembranças da infância, como a de seu pai. Elas estavam sintetizadas nas palmeiras plantadas na lateral no calçadão em frente à livraria.

Como grande entusiasta dos temas sobre o mundo, Benjamim

sempre expressou suas ideias por meio das palavras, muitas vezes, escritas, para que ficassem registradas na memória coletiva em que vive.

Benjamim retratando a água

Fonte: ilustração Marcos Senna.
Título: Abraço na água.

Reflexão sobre a água

Água que cai do céu
Vem molhar o chão
Brotar a semente
Para fazer nosso pão
Água que me viu nascer
Faz-me crescer
Agora estou aqui
Quero te proteger
Nascente lá dos montes
Que desce pela serra
Não quero um dia
Seja motivo de guerra
Chuva que cai do céu
Na terra vem correr
Do rio vai para o mar
Água que cai do céu
Vem molhar as flores
Vou pegar uma para meu amor.

Reflexão sobre a violência

Fonte: ilustração Turma do HQ Caneca

Reflexão sobre a violência

Eu moro no morro
Quando desço o morro
Juro que morro de medo
Já vi de tudo
Sei que tudo é segredo
Antes era à noite
Agora é todo dia
Final de semana
Violência urbana
Essa diferença social
Está fazendo mal para nós, aqui no morro
Antes era a favela
Agora é a cidade que pede socorro
Precisamos de tão pouco
Estudar, trabalhar
E atenção...

Reflexão sobre o Amor

Viver sem amor
É como a primavera sem as flores
É a noite sem as estrelas

A lua sem luar...
É o mar sem as ondas
Sem areia
Sem o sol...
É passar pela vida
E não conhecer o olhar da mulher amada.

Reflexão sobre o comércio

É um lugar abençoado
Onde as pessoas que trabalham
Contam com seu sustento
É o grão do trigo moído
Que faz e vende o pão de cada dia
É um lugar onde as pessoas trabalham sorrindo
Demonstrando sua alma de prazer e servir
Lugar abençoado, com as mercadorias que entram
e saem
Com o mesmo cuidado que a natureza criou
Lugar onde o dono e os colaboradores
Vivem intensamente a fantástica vida comercial

Reflexão sobre a vida

A vida é como o amanhecer de céu azul
O pôr do sol e o escurecer
Descansa o bom sono
Aquele que trabalhou com amor
Novo amanhecer sem sol
Chuva até o escurecer
Dorme triste
Aquele que trabalhou com desgosto
A mulher é abençoada
Ao gerar a vida que sorri nos braços
O pai tem um tesouro para brincar e sonhar
A família é como a alvorada

Cheia de fé e amor
Vem como a primavera
Que prepara os frutos do amanhã

Reflexão sobre a empresa

A empresa é como a imagem daquela mãe
Que amamenta o filho com amor
É como o estudante
Que sabe abraçar e respeitar o professor
Segura nas mãos o canudo
Do sonho de viver o presente

Como um pintor famoso
Que deixa, em suas pinceladas, o encanto da sua arte
sua assinatura faz da imagem refletida na superfície plana da tela
Seu logo
O futuro da empresa está na ação de cada colaborador
O sucesso está no cuidado sensível e dedicado
Do protagonista de todos os dias
Aquele que aprender dar a César o que é de César
Não terá problemas com o fisco e prosperará
Aquele que não obedecer aos rigores da lei do seu país
Será rebaixado
Diferente daquele dono que cumprimenta o jardineiro
Na entrada da empresa.

Professor Lafayette e Milani recepcionando os alunos para, mais um Café Filosófico.

Fonte: O autor.

Em razão dos exercícios culturais, Benjamim percebeu um aumento da autoconfiança dos colaboradores, o que chamou a atenção do professor doutor Lafayette Pozzoli, pró-reitor da Fundação de Ensino Eurípides Soaras da Rocha, Univem. O professor tem um gosto todo especial pelo cappuccino da livraria. Em uma dessas ocasiões, Lafaiete propôs realizar o café filosófico nas instalações da livraria. Por muito tempo, o professor tornou as noites simples em de conhecimento, de cultura e de muita alegria dos alunos e convidados alojados em meio a centenas de milhares de livros. Lafayette, ao final das apresentações, escolhia um livro para presentear autoridades do ensino universitário — a gôndola dos protagonistas era sua preferida. Benjamim tinha dois compromissos: na abertura do café filosófico, declamar poesias autorais e, ao final, fazer a dedicatória nos livros para presente. Ediléia tinha o compromisso de escolher uma essência para a esposa do professor. Dizia estar levando um pedacinho da livraria e que os encantos daquelas noites atraíam prosperidade.

A presença dos alunos no café filosófico os tornou consumidores compulsivos de livros e de instrumentos musicais. O sucesso foi tanto, que o professor estampou a capa da terceira edição da revista Milani Store. Se não bastasse, tornou-se parceiro do veículo cultural por muitas vezes. A Universidade Eurípedes foi contracapa da Revista e a riqueza de temas acadêmicos constituíram valiosas contribuições literárias estampadas nas manchetes alusivas aos renomados palestrantes convidados. O café filosófico, os livros, o professor e os alunos passaram a expressar os valores culturais que a cidade precisa. Esses diversos aprendizados, em conformidade as ações sociais, transcendem o desejo dos idealizadores.

Os livros são os verdadeiros manuais da prosperidade, de Mário Milani.

Não é o dinheiro ou os bens materiais que trazem a alegria de viver, de Mário Milani.

A Fogueira da Vaidade II

Ano 2016 — Benjamim resolveu mudar de clube, para organizar novos processos criativos. A convivência com pessoas de todas as classificações profissionais no dia a dia da livraria proporcionava cada vez mais conhecimento e influenciava mudanças. Embora a filosofia do Rotary permanecesse conservadora, refletia o desejo de conhecer outras pessoas dentro da organização. O interesse crescente pelo mundo da literatura tomou conta dos pensamentos de Benjamim.

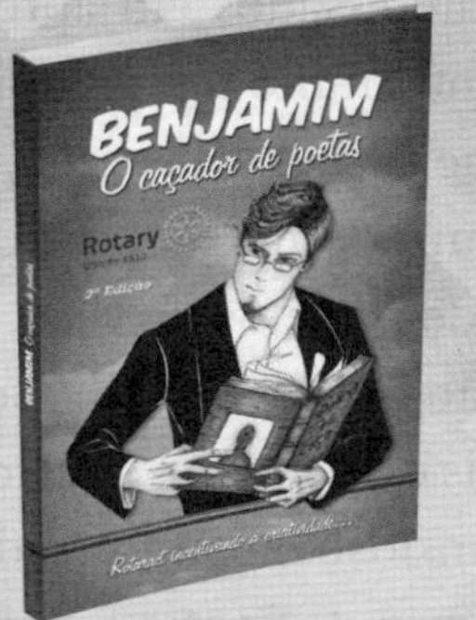

Segunda edição do Livro Caçador de poetas, realização Rotary Clube de Marília Tradição

Desenho: Marcos Senna

Mediante a ideia de mudar de clube, elabora mais um projeto com implicações, associações e fascínio, para encantar os jovens do Rotaract, parceiros do Rotary. Sua intenção constituía envolver seu clube atual e fazer uma parceria com o novo. Durante seis meses, divulgou o projeto O Caçador de poetas — 2° edição nos clubes da cidade. A mudança era motivada, também, por uma razão ainda mais forte: acabara de construir sua residência em um condomínio, localizado na mesma rua de dois clubes do Rotary. As reuniões ocorriam às terças e quartas feiras. Os dois clubes disputavam o futuro novo sócio. Benjamim cursava, na terça feira, aulas de piano e tinha o compromisso com a formação da Orquestra Sinfônica da cidade. Desse modo, justificou as razões para mudar no clube das quartas feiras.

Benjamim iniciou, então, o processo de desligamento de seu antigo clube. Foram muitas as lamentações dos sócios. Benjamim se explicou, dizendo que, como defensor do meio ambiente, estaria colaborando para mantê-lo saudável, já que, encurtando as distâncias, seu carro deixaria de circular 15 Km todas as segundas feiras. Esse processo durou quase três meses. Devido à grande dedicação ao antigo clube, seu discurso de despedida foi na tribuna, com muita emoção. Seus últimos atos foram abraços de despedidas, após o delicioso jantar.

O estatuto do Rotary exige que o novo sócio tenha um padrinho, passe pelo conselho diretor e submeta-se à votação secreta em plenário, regra desnecessária em razão de estar pertencendo à fundação nacional. Eram muitos candidatos interessados em apresentar o novo sócio. Benjamim é saudosista. Durante muito tempo, foi vizinho de Venâncio, sócio do possível novo clube e, por essa razão, quis ser indicado por ele. Outro motivo era a amizade de suas esposas, que sempre estavam presentes nos encontros de projetos da Casa da Amizade. Chegou o grande dia da apresentação do novo sócio. Benjamim preencheu todos os requisitos documentais e os enviou, dentro do prazo, para o secretário. Benjamim aguarda ansioso o comunicado da sua aprovação. Venâncio, seu padrinho, ligou minutos antes e disse:

— Fique atento! Assim que sair sua aprovação, vou ligar convidá-lo a brindar!

Venâncio estava confiante, afinal Benjamim residia a dois quarteirões do novo clube.

Avenida central do condomínio Costa do Ipê

Foto: Adailton Ragazoni

Naquela noite, Benjamim não recebeu a ligação do padrinho. Benjamim conhece bem os critérios, certas reuniões ordinárias dependem de pauta, pode ter ocorrido adiamento. Benjamim é um sócio caloso, não se preocupou com a falta de comunicação de Venâncio, pois sabia que, na próxima semana, estaria junto aos novos companheiros. Tinha certeza, devido à sua exemplar trajetória na organização rotária por mais de 15 anos. Uma semana se passou e, novamente, não recebeu o tão esperado comunicado. Ansioso, após alguns dias, ligou para seu futuro padrinho. A notícia foi desconcertante!

— Não te liguei, estava me preparando para dar a notícia da sua rejeição no meu clube. Não tenho palavras, estou decepcionado com tal acontecimento, vou tomar um café no seu escritório em breve.

No Rotary, quando ocorre uma reprovação, o candidato costuma sofrer em silêncio. Esse processo de eliminação, oriundo da minoria autoritária, gera desconsideração aos outros integrantes do clube. Sobra, ao candidato, amargar sua rejeição sem conhecer o responsável. Parte sempre de sócios acomodados, presos à velha sociedade conservadora. Não buscam o consenso, deixam esvaziar a possibilidade do esclarecimento, do mal-entendido, do engano. Afinal, a rejeição nãofaz bem para ninguém. Faz sentido supor que há uma acusação, a tarefa de Benjamim foi, então, identificar os responsáveis por ela. Uma acusação não pode ser misteriosa, havia algo estranho nesse incidente. Agora, existe uma acusação formal dentro do sistema do Rotary.

Ao contrário da rejeição do amigo Evaristo, que guardou segredo por longos anos, a rejeição de Benjamim poderia ser uma excelente oportunidade para saber quem são realmente seus verdadeiros adversários. A vaidade das pessoas não pode manter esse crescente conflito, que ameaça a fundação, aparentemente perfeita. A fogueira da vaidade não pode mais permanecer em segredo dentro dos clubes. Com a evolução das mídias sociais, não existe mais sociedade secreta.

Com Benjamim, foi completamente diferente, pois sua rejeição surpreendeu a todos naquela noite. Estava agendada a apresentação do seu projeto cultural em mais um clube da cidade, seria a penúltima apresentação do projeto distrital, pois ele já havia feito tal ação em sete dos oito clubes existentes. Benjamim consultou sua esposa para saber o que ela achava de, mesmo rejeitado, ele cumprir o compromisso. Ela se encontrava muito aborrecida com tamanha falta de compreensão. Sophia achava deselegante não comparecer ao encontro marcado e ambos concordaram em ir ao evento. Como de praxe, Benjamim foi recebido com cordialidade. Apesar da angústia que sentia, fez a apresentação com a mesma precisão de sempre. No final, revelou toda sua decepção com o clube que o havia rejeitado. Partilhou com todos sua indignação pela forma como tudo ocorreu.

A revelação causou choque, o silêncio tomou conta da reunião. Tratava-se de uma revelação inédita. Aquele momento poderia significar muito para o futuro da organização, pois todos os integrantes mostraram-se solidários ao companheiro.

A rejeição de Benjamim no Rotary fez reviver a história adormecida do amigo Evaristo. Dessa vez, o motivo não era uma vaca, mas a fogueira da vaidade humana. Um prato cheio para o escritor! Como não é possível guardar segredo entre os homens, começaram, em todos os clubes, as lamentações sobre a recusa de Benjamim. A mesma regra usada na rejeição a Evaristo continuava em vigor, após 15 anos. Indignado, Benjamim começa a ouvir de ex-integrantes dos clubes, as formas de escolha e de recusa. Ouve afirmações até então desconhecidas, como a existência de caciques. Soube também de outros casos ainda mais profundos, pessoas que se acham donas dos clubes de serviços. Ficou horrorizado com o modo radical da instituição, pois estava acostumado com seu ex-clube, onde não havia esse tipo de regra, ninguém se sentia dono e nem cacique.

Benjamim indignou-se por não ter percebido a aleivosia de alguns integrantes nas vezes em que apresentou seus projetos culturais. Essa foi sua maior decepção, sabendo que atitudes individuais tiram até o poder de determinados presidentes e de integrantes de conselhos. Um outro fato, com requintes de crueldade, veio à tona: um casal, prestes a tomar posse, fora avisado da rejeição na véspera. O terno sob encomenda e o vestido novo ficaram no guarda-roupas naquela noite triste do casal. A rejeição de Benjamim despertou comentários em meio às rodas de café de rotarianos. Nessas alturas, Benjamim já sabia quem são os poderosos e os classificou como verdadeiras vítimas da fogueira da vaidade, pois não percebem serem eles o deboche da cidade. E, nessa escala desafiadora, virou um compromisso para Benjamim escrever sobre o ocorrido. Como escritor, não tem como fugir disso, afinal, é considerado um exemplo para sua família, para a sociedade e, principalmente, para a maioria absoluta dos companheiros, não só da cidade, mas do distrito de um modo geral. Todos conhecem bem a trajetória do amigo da fundação.

Roberto Massaru Watanabe, do Grupo de Estudos sobre Rotary na internet, escreveu, certa vez, sobre a rejeição de pessoas convidadas e de ex-integrantes de Rotary. Dependendo do tipo de fato, este pode não constituir motivo suficiente para a eliminação do candidato do processo de admissão. Fatos como já fui mal atendido na loja dele e outras questões pessoais devem ser evitadas. Pode, também, o presidente submeter os fatos negativos à apreciação do Conselho Diretor. Se for o caso, pode colocar em votação. E, mesmo tendo votos contrários à admissão do candidato, este pode ser convidado para se associar. O presidente deve tomar cuidados especiais quando um associado apresentar argumentos contra a entrada de um novo membro. Pode até ser uma questão pessoal, do tipo não fui com a cara dele. Embora não seja motivo suficiente para reprovar o candidato, o presidente deve tomar cuidado especial e tocar o assunto com luvas de pelica, pois a aprovação pode representar a saída do clube do companheiro que foi contra. O presidente, com a ajuda do padrinho do companheiro contra, deve desenvolver tratativas para convencê-lo a mudar de opinião, citando os aspectos positivos do candidato. Também é função do presidente estabelecer que os aspectos negativos do candidato podem ser superados.

Depois de profunda averiguação, Benjamim não desistiu, quis

ir a fundo, para tentar mudar o conceito de seleção nos clubes do Rotary. Mesmo sabendo que poderia ser uma tarefa difícil e solitária, iniciou um movimento em prol da grande e respeitada organização de sua cidade. A importância de se aprovar em plenário é relevante, transparente e justa para os objetivos e interesses do clube e das pessoas engajadas, motivadas e dedicadas a fazer com que a gestão alcance os seus objetivos e metas. Seria uma forma exemplar de expurgar os caciques, que se julgam donos do clube, permanecendo somente as laranjas boas na caixa

Não é de hoje que a riqueza e o luxo são atrativos valorizados nos meios sociais, enquanto o estudioso, o literato, o carismático, o humilde, o mais elevado, o sério, pode ser vítima de um ou dois que vivem na fogueira da vaidade, com medo de que outros roubem a cena. A ira de certos sócios pode se transformar em doença; segundo os psicólogos, são mentes que precisam de ajuda. Na verdade, esse molde em exercício tem que ser substituído por outro, para tornar os indivíduos livres do mal e adaptar os verdadeiros interessados às regras novas. Não existe mais espaço para a modernidade sólida, excedeu! Não existe mais espaço para a vaidade, suplantou! Elas deram espaço à modernidade líquida...

Basta olhar para a juventude, são eles que ditam as regras, pois estão trazendo profundas mudanças de comportamento, em todos os aspectos, dentro de seus clubes rotários, da maçonaria, do Lions, das ongs e das comunidades. Estamos descobrindo que somos todos semelhantes. Hoje, é possível ter 60 anos de idade e ser jovem por dentro, já que a medicina moderna, a literatura e os meios de comunicação permitem esse avanço. Foi o caso de um amigo próximo de Benjamim, o qual disse não ser aceito na maçonaria por ter mais de 60 anos! Longe dos clubes profundamente conservadores, que vêm sendo motivo de controvérsias devido a relatos de ex-integrantes, o primeiro passo seria comunicar as autoridades máximas do Rotary. Para tanto, Benjamim reuniu seu departamento jurídico para consultar os estatutos. Sua intenção era fortalecer a organização, começando pela sua cidade e espalhando esse fortalecimento para todos os clubes do distrito 4510. Juntos, elaboraram uma carta de agraciamento, para encaminhar ao clube que virou referência pela forma de recusar novos sócios.

Durante toda a permanência no seu clube, Benjamim enfrentou uma luta que, hoje, sabe ter sido em vão. Porém não perde a esperança de que essa maneira de julgar o companheiro possa mudar um dia. Foi alertado pelos companheiros mais velhos que isso não funciona em Rotary. Luiz, logo no início, o alertou várias vezes:

— Benjamim, seus desejos serão em vão! Você não vai conseguir! Benjamim discordou do companheiro, pois acredita que sua empresa precisa de fornecedores, que podem ser os companheiros de clube:

— Luiz, preciso saber por que existe essa divergência.

— Benjamim, me responda com sinceridade: quantos companheiros do nosso clube compram no seu comércio?

— Posso contar nos dedos de uma só mão!

— Me responda outra pergunta: quantos companheiros dos sete clubes da cidade compram na sua loja?

Vista de cima de frequentadores no café da livraria. Luiz Rossi em destaque de camisa branca chegando à livraria

Fonte: O autor.

— Sabemos de tudo isso. Tanto que fizemos muitas reuniões com nossa equipe de marketing, para dar ênfase às principais conquistas do Rotary em nossa revista. Mas nem assim conseguimos fidelizar os companheiros e os familiares dos clubes.

— Amigo Luiz, você sabe bem como são essas coisas, mas nós, como escritores de temas motivacionais, não podemos perder a esperança de um dia reverter essa mentalidade arcaica de companheiros vaidosos. Por isso, dou preferência a todos os companheiros donos de empresas do nosso clube. Você é testemunha disso!

Em todas as oportunidades, Benjamim tenta convencer os companheiros para fidelizar os rotarianos como clientes especiais. Seria uma maneira justa, moderna e altamente benéfica para todos. Só existe um modo de classificar quem não toma as mesmas atitudes: medo do crescimento alheio. Benjamim praticava até a política da indicação! Seus funcionários eram treinados para indicar, aos representantes e fornecedores, pernoites nos hotéis de companheiros. Médicos são referenciados com ênfase a clientes e a amigos. Na verdade, Benjamim não tem a mesma receptividade com os companheiros, contudo não desiste.

— Suas mensagens de companheirismo quando exerceu, por várias vezes, essa atividade, enfatizavam datas comemorativas: dia do comerciante, dia do industrial, dia do médico, dia do escritor, poeta e daí por diante.

— Luiz, você, como escritor, sabe bem o que são esses fatos! A população gosta de saber como funciona certas fundações e tudo que estamos falando é uma prática verdadeira. Juntos, podemos convencer nossos companheiros de que as coisas se modernizaram e está na hora de o regimento interno dos clubes rotários dar um passo à frente.

Benjamim continuou:

— O Rotary já faz parte da história das nossas vidas, pois todas as segundas feiras passamos horas reunidos. É um tempo precioso, deve ser mais aproveitado com trabalho, para tornar-se de utilidade pública comunitária. Temos de evitar que, nesse espaço, predominem intrigas, vaidade, inveja. Todos os trabalhos devem ser feitos em equipe. Na livraria, já ocorreram, com companheiros e cônjuges, casos engraçados. Certa vez, Edileia sugeriu uma degustação de vinhos só para esposas de rotarianos, para apresentá-las todos os lançamentos das editoras famosas. A equipe de eventos pensou em tudo. Foram elaborados convites com requintes femininos, havia flores na entrada do recinto, os manequins trajavam roupas da moda, as estantes de livros estavam decoradas com temas femininos, ou seja, um luxo para recepcionar as convidadas. O evento foi considerado um fracasso cultural, pois elas tomaram vinhos, comeram as quiches, ganharam brindes, mas não compraram um livro sequer.

Anos se passaram e elas não voltaram. Ou seja, a fogueira da vaidade se estende também às esposas de companheiros. Pessoas consideradas esclarecidas, mas que se mantêm longe da literatura. São apenas apreciadoras compulsivas dos vinhos suaves. Em outra ocasião, os cônjuges conseguiram fundos para comprar um DVD para o clube. Para complementar a pequena verba, rodaram a cidade atrás de orçamentos, começando pela livraria. O vendedor cotou o melhor produto do mercado, mas, para surpresa de Benjamim, ao chegar no clube, viu os companheiros instalarem outro equipamento. Para a decepção de Benjamim, pela diferença de dois reais, compraram o produto inferior, em outra loja. Sabemos que não falamos, aqui, algo de fácil entendimento! Mas pode ser de grande contribuição para o relacionamento humano.

Benjamim tem um dos maiores estoques de instrumentos musicais da região. Foi aprovado um projeto no clube para a compra de violões, destinados a uma entidade mantenedora de programas de jovem aprendiz. O professor, amigo de Benjamim, cotou, em três lojas, violões com qualidade para atender às necessidades do projeto. Ele prometeu conseguir, como bonificação, as correias para os 12 violões, além de uma palheta para cada criança. Numa bela noite, durante a festa do dia das mães no clube, um grupo de crianças foi convidado para se apresentar. Benjamim percebeu que alguns violões estavam desafinados. Dono de ouvidos absolutos, consultou o maestro sobre o que poderia estar ocorrendo com alguns instrumentos. O maestro conhece Benjamim e sabia que ele não iria gostar da resposta!

— Recebemos esses violões do seu clube. Alguns não atingem a afinação desejada. Os inexperientes compradores nem consultaram Benjamim, especializado no ramo. Comprarão em outra loja, pagaram mais barato e acharam que fizeram um ótimo negócio. Porém esqueceram da dor e do choro de uma criança que recebe um violão com defeito. Além do trauma causado por notas desafinadas — alguns violões foram adquiridos sem nota fiscal.

• O grande desafio.

Certo dia, o dono de uma agência de viagens desabafou com Benjamim:

— No meu clube, uma grande parcela dos companheiros viaja

para o exterior até duas vezes por ano, mas eu nunca consegui vender uma viagem para um companheiro.

• A ingratidão.

Um bem-sucedido empresário do ramo imobiliário, lamentou:

— Não consigo fechar negócios com companheiros...

• O Inexplicável.

A mãe de um jovem rotariano, dono de uma famosa franquia de perfumes, empresária e dona do mais conceituado salão de beleza da cidade, questionou, em um evento na livraria, o porquê de os companheiros não comprarem produtos da franquia de seu filho! Também não entendia a razão de ter somente um cliente rotariano no salão de beleza.

Como apagar as chamas da fogueira das vaidades? Talvez a rejeição e a coragem de Benjamim possam mudar o triste olhar de uma pequena parcela de sócios dos clubes, que ofuscam os trabalhos da grande maioria, voltada aos princípios rotários. A cultura e os costumes de alguns personagens, responsáveis pelo esvaziamento dos clubes, na sua grande maioria, são considerados selvagens.

Há casos de governador que não tem o hábito de responder e-mail, não atende e não retorna ligações e de alguns Presidentes sem autoridade para decisões. Mesmo sabendo que não obteria resposta à carta de agraciamento, apresentada a seguir, e que não teria resposta do clube que o rejeitou, Benjamim não desistiu.

Inverno de 2017 — dia 06 de setembro. Benjamim recebeu a triste notícia do falecimento de seu companheiro, amigo e padrinho do Rotary, Luiz. Para Benjamim, foi como perder alguém da família. A falta do amigo de todas as horas, um dedicado rotariano e parceiro de projetos culturais, é inestimável. Luiz levou, consigo, muitos segredos de Benjamim, porém não ficou sabendo da rejeição do experiente rotariano, algo que juntos, poderiam transformar.

Carta de agraciamento:

Proêmio

Em sua dimensão de serviços à comunidade de responsabilidade de um antigo membro rotário, Benjamim esclarece que, quando anunciou, ao presidente e aos membros do Conselho Diretor, o seu desligamento do quadro de associados, o fez na pretensão de se transferir para outro clube, perto de sua casa, que julgava fazer parte da mesma tessitura. Entretanto por circunstâncias, em princípio, desconhecidas, seus companheiros o rejeitaram. Mas o certo é que o rejeitaram. E as indagações internas em sua espiritualidade continuaram a fervilhar. Estaria sua rejeição relacionada a questões de regras estatutárias, ou se tratava de ética rotária?

Se o estatuto permite a rejeição de transferência de um quase decano, na essência da palavra, e de um provedor que, em sua espiritualidade, está entregue a servir, que é o objeto de sua existência, passou a permitir, em sua liberdade de conscientização cognitiva, a motivação de sua rejeição. Mas, se são regras, fazem leis entre os associados e os pretendentes ao ingresso em uma entidade que se volta a serviços humanitários e à comunidade. Desse modo, somente resta aceitar as regras, ou mudá-las. Entretanto enquanto as regras não forem alteradas, nada impede que o sócio rotariano expresse seus pensamentos, mas é preciso distinguir as regras rotárias do desejo do rotariano. Até porque uma coisa é a lei e outra é a nossa opinião, quando ambas não coincidem, nada nos privará de dizer o que pensamos; porém devemos saber distinguir o que é a lei do que é o nosso desejo. (SEBASTIAN SOLER).

Registra-se que a ética constitui uma das preocupações mais importantes no relacionamento entre as pessoas; primeiro, porque não há responsabilidade social sem ética, em sua mais profunda essência; segundo, porque é perfeitamente admissível encontrar, em qualquer relacionamento, o conflito ético, de interesses; entretanto não se é permitido ignorar a honestidade e a equidade entre as pessoas, seja dentro seja fora de uma associação; terceiro, porque as responsabilidades éticas, embora não codificadas em lei, são definidas como comportamentos que toda sociedade espera que ocorra.

Desse modo, a ética, tanto na atividade de associações comunitária quanto no mundo dos negócios em geral, compreende princípios e padrões que orientam o comportamento das pessoas em sociedade. No caso epigrafado, Benjamim entende que, embora em sua ótica incorreta, a rejeição não está necessariamente certa, já que apenas duas opiniões (apenas duas opiniões) influenciaram o resultado, uma vez que não passou pelo crivo de votação, para permitir que a maioria decidisse. Bastaram duas opiniões, sem qualquer explicação do Conselho Diretor. Nota-se que os princípios éticos correspondem, em sua essência, à lealdade, à transparência e ao respeito às pessoas.

Como é sabido, consabido e ressabido, um princípio é o começo de algo no mundo dos negócios, no âmbito familiar, ou até em num clube de serviços. Por isso, é equivalente a uma norma que, em termos mais práticos, é a área da filosofia que estuda as condutas do ser humano em sociedade. Desatender aos princípios é mais grave que desrespeitar as normas do próprio Estatuto do Rotary, que criou as regras que disciplinam a conduta do cidadão em sociedade. Ignorar e/ou desconhecer os princípios que conduzem o berço ético da fundação, implica em violação maior do que a transgressão da norma que protege o bem da vida, a qual possui alicerces como respeito, dignidade, honestidade, transparência etc.

Com isso, e apesar do princípio ser uma norma dotada de abstratividade, expressa um valor fundamental de uma dada sociedade e serve de base para o convívio, integrando, principalmente, as lacunas normativas em que ele serve de parâmetro para a atividade interpretativa. Por possuir eficácia, pode ser concretizado e gerar direitos subjetivos, com todo respeito aos que decidiram pela rejeição deste rotariano, o certo é que não se pode permitir nenhum espaço ao arbítrio, ao capricho, ao preconceito, tendo em vista que já é tempo de as pessoas rotarianas se compenetrarem, na regência de uma instituição prestadora de serviços, de que isso não tem mais futuro, até porque o Rotary possui associados, e não donos.

Um associado com mais de 15 anos, com reconhecimento presencial de 100%, não poderia ser rejeitado dessa forma, em um processo nada transparente. Cabe reproduzir as sólidas palavras de Rui Barbosa sobre justiça: se alguma coisa divina existe entre os homens, é a justiça. Nisto se compendiam todas as minhas crenças políticas, de todas elas, essa é o centro. Mas, para que a justiça venha a ser essa força, esse elemento de pureza, esse princípio de estabilidade, é preciso que não se misture com as paixões da rua ou as paixões do Governo.

Deve ser ressaltado que, nessa tessitura, a dimensão legal das regras do clube fechado implica cumprir as regras estatutárias, porém é preciso ver o novo, para corrigir eventuais excessos ou erros extraídos de outros estatutos. Benjamim tocou os conflitos individuais sem conhecer seus adversários. E, com o intuito de fazer crescer a ética racional, sem subterfúgios, para não padecer de certa solidão, é que resolveu se manifestar por escrito, não como desabafo, mas para priorizar a transparência das instituições de serviços à comunidade. Sua intenção constitui reestruturar o estatuto, para incluir, em suas regras, o princípio da transparência nos processos de troca de clube. Apenas por comodidade, e como defensor do meio ambiente, explicou, em seu clube anterior, que sua transferência resultaria em um carro a meno-circulando 15 km toda segunda feira, já que, atualmente, residia a dois quarteirões do clube que o rejeitou. Até porque a rejeição pode ocorrer para os neófitos, aos quais não se precisa explicitar o motivo, ao contrário do que ocorre com o rotariano caloso.

Fica aqui essa contribuição, para que sejam revisados os procedimentos estatuais, na parte cabente ao embate: transparência. Espero que esses estudos, esses exemplos, essa realidade, além de ajudar as organizações prestadores de serviços, sirva para suscitar indagações sobre a fogueira da vaidade humana e, acima de tudo, para estimular os companheiros, os irmãos e os leitores a enxergar, por meio da arte e da literatura, a importância do outro nas organizações. A crônica dedicada ao companheiro fundador do Clube Luiz, in memoriam, termina essa contribuição. Ela constitui em um lamento pela falta do amigo, único testemunho do caso da vaca leiteira. As três homenagens de ícones do Rotary justificam, em tempo, a dedicação do rotariano Benjamim.

O novo clube é o palco do teatro da cultura, pois há sócios voltados a ela. Os livros serão sempre o poderoso fio condutor de um mundo melhor, nesse sentido, o novo clube de que Benjamim é sócio transporta, todos os anos, o baú de livros para bibliotecas de escolas municipais. Já o púlpito abriga os interessados em gritar, aliviados, os gêneros de cada autor. Há, ainda, a busca incessante de escritores e poetas para concluir a segunda edição do livro O caçador de poetas, que visa ao bem- estar da sociedade de todas as classes sociais. Benjamim, eleito dentro das novas regras de votação, venceu com a maioria absoluta. Agora, tem, nas mãos, o extintor da cultura e não desiste de apagar a fogueira da vaidade.

Luiz Rossi companheiro rotariano, em noite de autógrafos de sua obra prima

Fonte: Arquivo da livraria.

Após a partida do amigo Luiz Rossi, Benjamim começou a lembrar de momentos que passaram juntos. Na década de 1990, ao sair do elevador no segundo andar da Prefeitura Municipal de Marília, Benjamim encontrou o amigo. Naquele dia, interrompeu seu trajeto, o convidou para um café na pequena cozinha do mesmo andar e pediu para o amigo dar uma olhada em um de seus bilhetes, que adorava escrever sigilosamente. Ao ler, Benjamim notou as rimas, que se destacavam com certa frequência. Então, solicitou, ao amigo Rossi, a permissão para analisar todos. Nesse momento, os olhos de Luiz brilharam de felicidade. Benjamim apresentou sua opinião por escrito. Rossi leu atentamente e, emocionado, disse não acreditar que alguém poderia, um dia, se interessar pelos seus bilhetes. Rossi ficou empolgado e levou Benjamim até seu escritório, para apresentar outros textos, verdadeiras crônicas, nas quais revelava suas angústias, além de encantamentos por motivos sociais, políticos e administrativos.

Nas despedidas, Benjamim sempre acompanhava Luiz, que cumprimentava todos os funcionários com muito carinho. As meninas da limpeza eram suas fãs preferidas. Dispensava uma atenção singular a todos, sem distinção de função ou de classe social. Adorava ser chamado de "Seu" Luiz Rossi. Ocupou quase todas as funções de secretarias, foi vereador, presidente da Câmara e serviu também às autarquias. Mas sua alegria maior foi o lançamento do Livro Nosso tempo, no qual pôde dedicar poesias para sua amada esposa Vilma. O pé de flor e A minha rosa eram suas poesias preferidas. Confessou, certa vez, após declamar uma poesia em festivas no Rotary Clube de Marília Leste, que sua esposa era "como um belo e esplendoroso jardim" em sua vida. Outra agradável experiência que Benjamim tem na memória foi quando convidou Luiz para participar da coletânea O Caçador de Poetas, momento de muita felicidade e emoção, já que parecia um menino encantado com suas novas descobertas. Outro dia que ficou eternizado foi o lançamento do livro de Rossi, De luxento a caipira, ocasião em que se emocionou diversas vezes. Era notório o carinho ao autografar seu livro para os presentes na livraria de Benjamim. Muitas pessoas especiais passaram por lá naquela noite. No final, ele disse, carinhosamente:

— Obrigado, Benjamim, por me fazer escritor e proporcionar esta noite tão especial, meu amigo escritor.

Empolgado, começou a escrever a segunda edição, sempre na companhia de Benjamim. Nas reuniões do Rotary, dizia:

— Quero que você leia e de sua opinião.

Porém seu processo de criação foi interrompido. Rossi levou, consigo, histórias, segredos, lembranças, sonhos e memórias. Um dia, Benjamim perguntou:

— Rossi, qual sua filosofia de vida?

E ele disse, carinhosamente:

— Benjamim, eu não sou ambicioso, tenho uma esposa que amo, uma linda filha, uma família maravilhosa. Sofro muito com as injustiças e com a ganância das pessoas.

Penso que os políticos podiam fazer muito mais e melhor, as pessoas teriam muito mais qualidade de vida. Bom, minha filosofia de vida é ver um país mais justo, mais solidário, e tudo que faço é administrar o dinheiro público da melhor maneira possível, com muita honestidade. A minha maior riqueza, meu caro amigo Benjamim, é o carinho e a confiança de todas as pessoas.

Ficam aqui muitas lembranças e ensinamentos de honestidade, carinho, dedicação, simplicidade. Sem saber. Luiz Rossi já vivia a "modernidade líquida" na sua leve e longa trajetória.

A verdadeira amizade é aquela que nos permite falar, ao amigo, de todos os seus defeitos e de todas as nossas qualidades.
Millôr Fernandes

Jesus Cristo

O setor de livros religiosos ficava no final do segundo andar da livraria; não era exatamente um setor reservado, porém era aconchegante, contava com duas mesas de madeira, cada qual com três cadeiras. Volta e meia, Benjamim era convidado, por pessoas que representavam diversas religiões, para um café: recebia desde evangélicos e católicos até espíritas e seguidores das religiões africanas e orientais; atendia a todos, sem distinção.

Os escritores evangélicos não lançavam os livros na livraria, porque sempre o faziam em seus templos; no entanto tinham interesse em deixar alguns exemplares para divulgação. Certo dia, ocorreu um caso curioso, que acabou chamando a atenção dos organizadores de eventos da livraria. Um renomado juiz federal, religioso fervoroso, muito dedicado aos estudos da doutrina espírita, pediu para sua assistente procurar a livraria, pois queria lançar seu mais recente trabalho.

Edileia atendeu ao pedido da secretária do juiz, senhora Vitória, na sala de reunião e detalhou o procedimento de um lançamento no espaço destinado a eventos. Ao despedir-se, Vitória pediu para transmitir, a pedido do juiz, um abraço ao escritor Benjamim. Edileia, muito gentil, acompanhou Vitória até o escritório de Benjamim.

— Benjamim, com licença, dona Vitória quer te cumprimentar.

— Pois não, muito prazer! — disse Benjamim

— Trago um abraço do doutor Mathias! Estamos projetando o lançamento do seu último trabalho na livraria.

— Obrigado pela preferência, transmita também meu abraço a

ele, ficamos no aguardo, vamos dedicar toda a nossa experiência para a noite de lançamento!

Passaram-se alguns meses e tanto Benjamim quanto Edileia não tiveram mais notícias sobre o tal lançamento. Edileia é dedicada, prestativa e dispensa toda a atenção aos clientes; além disso, ama livros e a sua profissão.

Ela estranhou a demora do retorno da secretária Vitória, que havia comunicado que o livro já estava pronto. Edileia, então, procurou Benjamim e relatou o fato; imediatamente, Benjamim pediu para que ela entrasse em contato com Vitória, afinal, o cliente em potencial era uma autoridade renomada da cidade. Edileia, apreensiva, ligou para Vitória e solicitou a informação sobre o lançamento.

— Foi bom você ligar, porém, a pedido do juiz, preciso passar o recado diretamente a Benjamim.

— Pois não, vou transferir a ligação.

O recado foi desconcertante!

— O doutor pediu para comunicar ao senhor que ele é um escritor independente e que a renda dos seus livros é doada às comunidades, portanto, ele não lançará sua obra na livraria, pois achou até uma falta de respeito ao seu trabalho a cobrança de 20% das vendas.

Benjamim nem tentou justificar, visto que percebeu o elevado tom de voz da secretária; seria perda de tempo.

Os clássicos religiosos tinham um peso grande no faturamento da livraria; os com maior destaque e campeões de vendas, na época, eram os do Padre Marcelo Rossi. A editora deixava 30% das vendas (considerando os preços de capa) para as livrarias. Os escritores da cidade e da região tinham um desconto especial: contribuíam com apenas 20% das vendas para cobrir os custos de horas extras, já que, normalmente os eventos maiores de lançamentos ocorriam no período noturno.

Na mesma época, as publicações do padre Fabio de Mello ainda não vendiam tanto. Edir Macedo não surpreendeu como o esperado; seus livros acabaram encalhando nas prateleiras. Já as obras de Chico Xavier sempre foram campeãs de vendas, porém, quando o filme que narra sua trajetória foi lançado, as encomendas foram às alturas!

Os lançamentos de autores voltados ao público evangélico não eram destaque na livraria por uma razão óbvia: tais publicações eram lançadas, para os fiéis, nos templos religiosos. Mas os evangélicos consistiam nos maiores consumidores e potenciais clientes fidelizados de instrumentos musicais. Com a revolução religiosa, a música passou a ganhar muito destaque nos momentos em que os fiéis evangélicos realizam o louvor. No catolicismo, a música também está presente, mas na forma de cânticos de amor e fé.

Certa vez, Benjamim levantou a possibilidade de fazer, na livraria, o lançamento da obra Ágape. Edileia fez contato com a equipe do Padre Marcelo Rossi, que, muito atenciosa, solicitou o envio de um mapa da localização da livraria. Não demorou e responderam com um e-mail, comunicando o resultado do estudo. Não foi possível lançar Ágape em Marília, pois o grande fluxo de fãs cruzaria com o fluxo de consumidores, visto que a livraria ficava bem no centro da cidade.

A única possibilidade seria no estádio de futebol; público esperado: 40 mil pessoas. Benjamim comprovou essa realidade quando foi ao lançamento de Ágape na Bienal do Livro, em São Paulo. Lá, não conseguiu o autógrafo do Padre Marcelo Rossi, já que havia milhares de pessoas na fila da editora no pavilhão do Anhembi. Edileia até tentou, mas desistiu depois de uma hora na fila. Na Bienal, a função de Edileia era realizar contatos com as editoras e, por isso, preferiu desistir do autógrafo e retomar às suas atividades.

Na praça de alimentação do evento, Benjamim, sentado, com o livro sobre a mesa e tomando água, mirou seu distante olhar para a multidão; pensou no poder de Jesus Cristo e, nesse momento, lembrou os ensinamentos do seu pai: "filho, Jesus é como as raízes do cafezal, pois não conseguimos enxergá-las, mas colhemos seus frutos".

O setor religioso da livraria despertava, sobretudo, o poder da fé nas pessoas, independentemente de suas crenças. Ele intensificava o fervor dos fiéis. Os católicos, por exemplo, movimentavam as vendas do setor em datas como dia dos pais, Páscoa e Natal, pois muitos clientes presenteavam seus pais com esse tipo de obra.

Já as publicações de viés espírita eram lidas pelos próprios compradores, que as conheciam por meio de indicações de amigos. O setor era inspiração contínua para Benjamim e era oriunda ora de adultos ora de crianças.

Cristo abençoador, de Jean-Auguste Dominique Inglês

Fonte: O autor.

Uma de suas caminhadas no local inspirou a composição da poesia Jesus Cristo. Benjamim, com ajuda de seu amigo, músico e arranjador Laerte Marques, enfatizou a trajetória de Jesus Cristo. A música é cantada em louvor para todas as religiões e prega a paz e o amor ao próximo, aspectos que norteavam, diariamente, tal setor da livraria.

Jesus Cristo

Tudo aconteceu a quase / dois mil anos atrás
A troca / de Jesus / por Barrabaz
Pôncio Pilatos então / lavou as mãos
Entregando / Jesus / para multidão
Meu Senhor / Meu salvador

Carregando a cruz pesada / Jesus Nazaré
Sofrendo / mais suportando / pelo poder da fé
Crucificado olhou para o céu pediu ao pai
Perdoai-lhes eles não sabem o que falam
Meu Senhor / Meu salvador

Quando a tristeza invadir / seu coração
E achar que tudo está / fugindo das suas mãos
Entre numa igreja e veja / em cada estação
O exemplo de amor / e a força do perdão
Jesus Cristo / Jesus Cristo, meu senhor
Jesus Cristo / Jesus Cristo, nosso salvador.

Benjamim é comerciante e testemunho dos ensinamentos de Jesus Cristo, que, muitas vezes, constituem o fio condutor para os escritores, visto que as parábolas de Cristo são frequentemente citadas e aparecem nas narrativas da maioria dos livros motivacionais. Esses ensinamentos são a base de todas as religiões e, desse modo, obras que os abordam consistem na principal fonte de vendas da livraria. O espaço tinha Benjamim como moderador; sua crença era a de que todas religiões têm de estar no espaço reservado, mas que todas as crenças são independentes.

Quando o Teatro Municipal de Marília ficou abandonado por quase uma década, as irmãs do Colégio Sagrado Coração de Jesus investiram na reformulação e na modernização do teatro do colégio, localizado no majestoso e histórico prédio paralelo à escola. Elas estavam motivadas, pois o teatro sempre fora utilizado na formação intelectual dos alunos — é sabido que as crianças envolvidas em atividades teatrais obtêm notas maiores.

Cantora Alice Lourenço estudante do Colégio Sagrado Coração de Jesus

Foto Arquivo divulgação da cantora

As produtoras de eventos de Marília e região agradeceram a iniciativa das diretoras, visto que o teatro do colégio passou a receber eventos culturais, artistas teatrais, peças famosas, cantores, cantoras etc. Em um desses eventos, a cantora Alice Lourenço, aluna do colégio e afilhada artística de Benjamim, lotou o auditório no lançamento do seu primeiro CD. Nessa oportunidade, Benjamim firmou o compromisso de parceria com as diretoras para fazer uma pequena feira de livros nas dependências do Colégio. Benjamim já havia passado por essa experiência em um renomado colégio particular da cidade. Na ocasião, os diretores o convidaram para fazer a extensão da livraria na feira do livro da escola.

Por dois anos consecutivos, os resultados foram negativos por uma razão óbvia: a grande maioria da população não lê. Sabemos que, se o pai e a mãe não têm o hábito da leitura, dificilmente os filhos terão interesse por ela. Essa experiência mostrou os primeiros sinais da decadência das livrarias, percebidos pelos livreiros de Benjamim e pelos colegas de outras cidades, que tinham a expectativa de aumentar suas vendas.

A feira no conceituado colégio era aberta à população para atrair pais e filhos ao mundo dos livros. Os organizadores criaram expectativas positivas, porém os resultados foram catastróficos: as crianças estavam acompanhadas apenas por professores. Transportados em ônibus municipais, as crianças, inocentes e sem culpa, pensavam que os livros eram gratuitos, os olhinhos tristes delas eram o verdadeiro símbolo da falta de cultura da população da cidade.

As pessoas com poder aquisitivo perdiam a oportunidade de presentear seus filhos, pois, quando estavam presentes e as crianças escolhiam um livro, por exemplo, as mães ironicamente diziam: "deixa que a mamãe pede pela internet, é mais barato", sem notar que tal cena influenciaria negativamente a vivência dos filhos na escola. Era uma espécie de "punição", já que os pais privavam as crianças dos momentos de se sentirem presenteadas, marcantes para toda a família. Os argumentos das vendedoras eram seguidos apenas por uma pequena fatia da população e, desse modo, os resultados não vinham não por falta de público, nem por falta de dinheiro, mas por falta de conhecimento.

Os pais ignoravam os benefícios da leitura — aprimorar conhecimentos, aumentar o vocabulário, entender melhor o mundo, as pessoas e o cotidiano, aprender a se expressar melhor — essenciais para o desenvolvimento humano.

Mais uma tentativa, em outro colégio particular, não foi diferente: os pais sequer desceram para ver a feira, esperaram os estudantes em seus carros. Alguns estacionaram nas filas duplas atrapalhando o trânsito. No egoísmo de cada um e na vaidade da grande maioria, os pais optaram pelo caminho conformista e confortável, deixando de interagir com as crianças. As escolas não desistem, sempre buscam o melhor para seus alunos e apontam o caminho a ser seguido; os pais são os únicos culpados pelos hábitos dos filhos. O mundo moderno e os direitos humanos estão criando uma geração longe dos ensinamentos da natureza. É como soltar um indefeso cachorrinho poodle para viver na selva.

Esses eventos foram muito importantes, serviram como um termômetro para as lojas físicas. As feiras desapareceram e as livrarias, aos poucos, estão dando lugar às bibliotecas vivas, onde se aprende o exercício da leitura, da arte, e, principalmente, da interpretação do mundo através dos artistas do teatro, da música, do saber e, principalmente, do bendito, precioso e louvado livro.

O homem que não lê bons livros, não tem nenhuma vantagem sobre o homem que não sabe ler.

Mark Twain

Desafio de um novo negócio

Benjamim gosta de conversar sobre novos negócios, principalmente com pessoas que, como ele, não têm medo de arriscar. Para ele, elaborar um conceito de negócio é como ler bons livros, pois os considera receitas prontas para o sucesso. Gosta tanto de livros, que resolveu ser um escritor — publicou 12 obras. Aprendeu muito cedo que, quando alguém deseja viver uma nova experiência em negócios, tem de se dedicar de maneira intensa, sem medo, além de estudar e de ter muita fé! Benjamim gosta muito de conhecer os hábitos das pessoas, suas vaidades, as injustiças por elas sofridas, seus conhecimentos e preconceitos, suas maldades e bondades, e, principalmente, a capacidade que têm de amar o próx mo. Decidiu escrever para criar um fio condutor para jovens e adultos empreendedores.

Com o intuito de atrair novos consumidores para sua loja, Benjamim resolveu montar uma adega, com bebidas variadas, sendo o vinho o carro chefe, porque, segundo Benjamim, trata-se de uma bebida fina, cheia de mistérios. Antes, porém, tinha dúvidas sobre esse mercado, cheio de sabores, de marcas, de rótulos, de variedades, de vinícolas e de distribuidores. Seria um verdadeiro desafio! Para encará-lo, Benjamim adotou os mesmos critérios de quando resolveu escrever livros: contar e viver a realidade, sempre com os pés no chão. Decidiu elaborar publicações para contar suas experiências, pois tem muito conhecimento da área comercial, já que, como empresário investidor, seu plano era montar uma megastore, da qual a adega faria parte.

Mário Milani saboreando um livro sobre Clarice Lispector

Foto: divulgação arquivo da Livraria.

Num primeiro momento, Benjamim não revelou suas intenções a ninguém, visto que sabia que seus colaboradores, principalmente os ligados à administração de suas finanças, o rebateriam. Eles detestam prejuízos! Quando contou seu plano ao tio, ouviu, como resposta, que estava procurando chifre em cabeça de égua. Já sua irmã, uma empresária muito cautelosa, também refutou Benjamim. Como réplica, ele citou Clarice Lispector: "se uma pessoa fizesse só o que entende, jamais avançaria um passo sequer". Mas a resposta dela foi desconcertante: — Só tem um detalhe: se Clarice fosse viva, diria para você não exagerar!

Certo dia, Benjamim assistia a um programa em um canal local e, nele, a entrevistadora Lenisa Almeida recebia um convidado, Luís Fernando Escolto, o qual exibia toda sua habilidade no campo gastronômico. Tratava-se de um renomado professor e sommelier, doutor na atividade. No dia seguinte ao programa, Benjamim agendou uma reunião com o ilustre docente.

O empresário foi ao encontro do sommelier, inspirado pela obra O Profeta, de Gibran Khalil Gibran. Isso porque uma frase presente no livro chamou a atenção de Benjamim e caiu como uma luva para sua nova atividade: "e um comerciante disse: fala-nos das compras e vendas. E ele respondeu: — A vós a terra oferece seus frutos, e nada vos faltará se somente souberdes como encher as mãos. E trocando as dádivas da terra que encontrareis a abundância e sereis satisfeitos".

A livraria de Benjamim possuía diversos títulos sobre vinhos, em sua maioria, revestidos por capa dura, com acabamento perfeito em relevo e cores vivas. Muitas vezes, tais obras apresentavam, na capa, vinícolas com lindas plantações de uvas. Esses detalhes encarecem as publicações e as tornam acessíveis apenas para uma classe exclusiva de consumidores.

Como Benjamim confia muito nos profissionais que o cercam, convidou, para a reunião com o sommelier, o design de interiores e artista gráfico, Eduardo, conhecido, no meio artístico, como Gringo, já que toca violão e dança tango, ritmo típico de seu país, Argentina, que o artista domina com maestria. Ele se destaca tocando e cantando os tangos imortalizados pelo seu ídolo, Carlos Gardel. Outro fato curioso sobre o amigo de Benjamim: ele se parece, fisicamente, com o ator Al Pacino. Logo na primeira reunião com os dois, Benjamim enfatizou: desejava ser um distribuidor de vinhos e de bebidas destiladas. Gringo e Luís Fernando não se conheciam, porém a reunião foi muito produtiva e divertida.

Eduardo D. Dias

Foto: Arquivo pessoal

Fernando contou que o segredo para o sucesso nesse tipo de negócio é estar em sintonia com a linguagem do vinho, a qual constitui uma cultura nobre. Também apresentou seis exemplos de harmonização, a fim de capacitar Benjamim a orientar
seus funcionários e clientes:- O vinho mais aconselhável para acompanhar carnes brancas, como o peixe, é o do tipo branco. Mas, no caso do bacalhau, a coisa muda de figura. Por ser típico de uma região fria e possuir sabor diferenciado, devido à alta concentração de sal, harmoniza com um vinho tinto leve ou com um rosé.

Mario Milani e o sommelier, Luís Fernando Escolto

Foto: Eduardo Marques

- Se o bacalhau for assado ou grelhado no forno, as melhores opções continuam sendo os vinhos tintos leves ou rosés. Agora, se o prato em questão for aquela bacalhoada com bastante molho, azeitona e legumes, o vinho branco de uva Chandonay, por exemplo, e até um Brut ou um Prosecco, agradarão mais.

- No caso da sobremesa que leva chocolate, é preciso mais atenção. O sabor marcante do chocolate, alimento rico em gordura, não é fácil de ser combinado com o vinho. Faz-se necessário escolher um tipo bem específico, de preferência, mais denso e doce, como o licoroso.

- A harmonização com chocolates amargos ou meio amargos se dá através de um envelhecido Vinho do Porto. Já para os chocolates ao leite, não existe muita restrição. Como eles são mais leves, combinam com qualquer vinho licoroso.

- Quando a sobremesa misturar chocolate com frutas, a harmonização se dá por meio dos vinhos tintos feitos com uvas passas, da família Valpolicella. Mas se a escolha for uma sobremesa à base de chocolate branco, recomenda-se o Vinho do Porto branco.

- Contudo, se a sobremesa for na linha das mousses — acompanhadas ou não de sorvetes e bolos —, é melhor pensar em espumantes de uva moscatel bem gelados, pois são frutados. Fernando ainda recomendou as temperaturas corretas para o armazenamento de vinhos. Segundo ele, é sempre bom servir vinho branco e espumante gelados. Já no caso do tinto, a temperatura ideal é 18°C. Aquela noite foi altamente produtiva. Ficou a cargo de Gringo o projeto da adega, porém

Benjamim sugeriu que ela tivesse torres, devido a uma estratégia de-marketing: exibir 11 torres de vinhos nacionais e importados. Ao final, brindaram com uma garrafa de vinho tinto, presente do sommelier, e ouviram tango dedilhado, tocado, por Gringo, no violão que Benjamim deixa em seu escritório. Empolgado, Gringo prometeu desenvolver o projeto inspirado na Argentina, onde existem adegas belíssimas, além de famosos rótulos. Por mais experiência que Benjamim tivesse, um novo negócio não deixa de ser uma preocupação a mais, pois são muitas atividades distintas em um só lugar. O empresário sabia que, se consultasse especialistas, seu sonho iria por água abaixo. Tarde da noite, já no descanso do seu travesseiro, Benjamim não quis acordar sua esposa para contar a novidade. Dormiu, pensando: — Não tenho dúvidas, vou vender muitos vinhos, desta loja só tiro o que cabe nas mãos, como disse O Profeta.

Mário Milani junto a empresários, professoras, músicos e convidados em noite de lançamentos, ao fundo as famosas torres da adega

Fonte: divulgação arquivo da livraria.

Como previsto, não deu outra: a noite de "lançamento" da megastore constituiu um projeto de sucesso. A adega harmonizou muito com os livros e embelezou o ambiente. Houve degustação de vinhos. Os amantes da bebida tiraram várias fotos, criaram inúmeros cenários, de vários ângulos, e encheram as memórias dos celulares com fotografias. Havia muitos casais, que ficaram apaixonados pela beleza do ambiente.

Para Benjamim, tal experiência consistiu na mais importante e desafiadora de sua vida. Muitos são os homens que chegam ao fracasso cedo. O grande problema é que não sabem delegar poderes. O exemplo dado neste caso da montagem da adega é simples e claro: quem quer investir em um novo negócio, deve saber escolher as peças chave, delegar responsabilidades e nunca tentar fazer tudo sozinho. No caso da adega, a presença dos profissionais, como o sommelier, foi fundamental nos cursos de degustação com jantares. Já os profissionais gráficos elaboraram toda a linguagem impressa e capricharam em todos os detalhes: das etiquetas aos convites, tudo era muito bonito. Outro aspecto importante foi o projeto de design de interiores, que distribuiu os vinhos, nas gôndolas e nas torres, em categorias como países e rótulos. Mas a principal qualidade da adega era a humanização do relacionamento com o cliente, pois urgência, ansiedade e preocupação, passavam longe de lá! É aquela história: a pressa é a inimiga da perfeição!

Os primeiros clientes da adega: Emerson Carvalho, Milani, e Gilmar Gonçalves

Fonte: divulgação arquivo da livraria.

Fundamental na vida de audaciosos e corajosos empresários, a linguagem do vinho auxilia na convivência humana! Nesse ambiente, de luxo e de prazeres, é possível observar e comprovar diversos tipos de atitudes, hábitos e gostos. Também se constatam muita vaidade, pessoas extremamente insuportáveis, outras profundamente miseráveis, porém nesse mesmo contexto, pode-se selecionar pessoas verdadeiras, conhecedoras da arte de beber um delicioso vinho, para novas e puras amizades. Mesmo com o sucesso da empreitada, Benjamim percebeu a oportunidade de se tornar um possível distribuidor, pois o negócio já nasceu com fortes possibilidades de ser franqueado. Desse modo, foram cinco anos maravilhosos de cultura e conhecimento, mesmo assim, preferiu vender a adega para um renomado supermercado da cidade.

Mário Milani e o boneco de mais uma obra "Benjamim O caçador de poetas".

Foto: Adailton Ragazoni.

Um belo dia, Sophia, esposa De Benjamim, fez uma surpresa, pois o nome de um vinho chamou sua atenção. Trata-se de um vinho da linha jovem fresco e frutado um Charndonay com um rotulo encantador, safra 2017, procedência Argentina, das Bodegas Nieto Senetiner. O que realmente chamou atenção de Sofia foi o nome do vinho: "Benjamin".

O Comprador e Professor

Certo dia, um senhor entrou na loja e disse que precisava de um professor de viola, porque haviam indicado o escritor Benjamim. Rogério, funcionário da livraria, entendeu a situação e, imediatamente, levou o senhor até Benjamim.

— Muito prazer, meu nome é Gilberto e estou precisando de um professor de viola.

— Pois bem, encontrou a pessoa certa, vou indicar o melhor professor de viola e violão de Marília e região. O nome dele é Paulo Lourenço, pode falar em meu nome e até pedir um descontinho!

Gilberto agradeceu, despediu-se e foi embora. Rogério até tentou vender um instrumento, mas o homem estava interessado mesmo em conseguir um professor.

Muito tempo depois, em uma manhã de chuva fina de inverno, com céu cinzento, Dona Mercedes, uma senhora muito simpática, chegou na loja e pediu para guardar a sombrinha, pois, segundo seu relato à atendente, demoraria para encontrar um livro, já que não sabia, ao certo, o que realmente buscava. Confusa, pediu ajuda à Edileia, a livreira.

— Posso pedir mais uma coisinha? — disse Mercedes

— Pois não, terei o maior prazer em atendê-la.

— Quero conhecer o escritor Benjamim, o dono da loja.

— Te levo até o escritório dele, assim que você escolher o livro.

— Moça, o que você tem sobre religião?

— Posso te indicar Deus existe, do autor Jacobb Gonik, um livro maravilhoso, que vende muito no mundo inteiro. A senhora vai descobrir o caminho da felicidade!

— A felicidade é estar neste lugar lindo, cercada de livros! Edileia, então, acompanhou Dona Mercedes até o escritório de Benjamim:

— Com licença, esta é a dona Mercedes, ela quer falar com você. Edileia deixou a sala e avisou à senhora que seu livro estaria no caixa. Então, Benjamim iniciou o diálogo:

— Dona Mercedes, que prazer, em que posso servi-la?

— Queria cumprimentar-lhe, porque adoro seus livros, tenho todos e adoro presentear meus amigos com suas obras.

— Fico emocionado com suas palavras carinhosas, é tudo que um escritor gosta de ouvir.

Mário Milani na livraria

Foto: Adailton Ragazoni.

— Senhor Benjamim, este lugar me lembra Londres, onde mora minha filha. Lá tem uma livraria muito parecida com a sua! Meus parabéns por presentear a população com este majestoso lugar! Posso abraçá-lo?

Virou rotina na vida de Benjamim receber carinho e elogios da população, pois seu comércio tornou-se referência cultural na cidade em pouco tempo. Noutro dia, Dayana, responsável por agendar as reuniões de negócios de Benjamim, havia marcado a visita de dois cantores sertanejos: Raul Viola, renomado dentista, e Gil do Vale, homem de negócios imobiliários, que havia pedido a indicação de um professor de viola:

— Que prazer em recebê-los. Gil, lembro de você procurando um professor de violão! E aí, aprendeu? — disse Benjamim

— Você disse que indicaria o melhor professor da cidade e o Paulo não é apenas isso, mas também um psicólogo da arte, pois, além de nos ensinar a tocar, também nos preparou para cantar, para fazer a segunda voz com muita precisão e, ainda, batizou nossa dupla.

Gilberto explicou a origem dos vulgos: Gil do Vale se deve ao fato de o artista morar em uma chácara no Vale do Sol; já Raul Viola recebeu esse nome por aprender a solar viola em apenas seis meses. Gil prosseguiu:

— Estamos aqui para agradecer-lhe e apresentar-lhe uma proposta, já que você também é um apaixonado pela cultura da cidade: queremos adquirir doze violas, porque vamos montar uma escolinha de música para crianças!

Benjamim enalteceu a iniciativa de inclusão musical, recebida como um complemento à sua ideia inicial de proporcionar benefícios a artistas. Naquele momento, percebeu que aquela seria a primeira manifestação de arte musical de caráter cultural-educativo de iniciativa rotaria a ocorrer na livraria, o que o incentivava a todos. Ao pensar no ponto de vista comercial, Benjamim sabia que conseguiria fazer uma negociação especial com a fábrica de viola, por isso, negócio feito!

Assim, para iniciar os trabalhos, a dupla contou com a participação de dois clubes rotários da cidade, que ainda contribuem com verbas para projetos aprovados pelo distrito 4510, que engloba um universo de 38 cidades. Raul da Viola é sócio do Rotary Clube Quatro de Abril e Gil do Vale, do Rotary Clube Marília de Dirceu.

Foi questão de tempo para que a escolinha ganhasse reconhecimento da sociedade, o que colaborou para o sucesso da dupla. Já a instituição rotária ganhou prestígio cultural, tornando-se referência. Assim como a dupla, os alunos, os seus familiares e os admiradores do projeto eram presenças garantidas nos eventos culturais da livraria. Benjamim acertou em cheio quando optou por estabelecer, em seu modelo de negócio, a harmonização entre livros e instrumentos musicais, já que música e literatura se interligam de maneira preciosa. Como forma de agradecimento, Benjamim presenteou os autores da iniciativa com uma de suas obras-primas — os versos de Poesia para músicos —, por acreditar que somente os músicos conseguem, de fato, entender a linguagem poética. A substituição das letras do alfabeto por palavras deixa o leigo muito curioso, por isso, Benjamin gosta de presentear amigos, clientes e colaboradores com seus trabalhos.

Assim, a reação dos músicos já era esperada pelos funcionários da loja: uma mistura de emoção, curiosidade, alegria e surpresa, exatamente por saberem que, dificilmente, o presenteado deve ter visto ou lido algo igual! Desse modo, demonstra- se um pouco a magia que as palavras criam neste lindo poema:

POESIA PARA MÚSICOS

Ao amanhecer adoro ver o "G",
Fico encantado com tanto brilho;
Ao entardecer "A" no sertão
Trabalho até o "G" se por.

Meu violão é meu companheiro,
Toco em "CM" a canção do canoeiro.
Na madrugada, "B" o cachorro late
Pode ser o gato preto ou a porteira que bate.

Meu prazer é pescar depois do turno
O peixe é pequeno, que "C", solto na lagoa.
Como o rio, o sono, o sonho é longo e profundo;
Sei que os peixes grandes estão "A" na taboa.

Sou violeiro, fiz uma canção na escala de "D"
Pedida da Maria para agradar o padre José;
Meus vizinhos fazem café e muito pão sem "C",
"A" toco violão enquanto os amigos tomam café.

"B" a tristeza do seu olhar fosse só para mim
Colheria a flor mais bela "A" do riacho, na fonte,
Cantaria pra você a escala maior do meu grande amor,
Caminhava juntinho em direção ao "G" do horizonte.

Ela, o pôr do G, a natureza, e a música!
Seu cabelo ao vento e o brilho do seu olhar,
Lábios cor de rosa ouçam-me: ela é minha musa.
Uma canção em "E" para ela vou cantar (...).
Letra: "G" Sol - "A" Lá – "CM" Dó maior – "B" Si –
"C" - Do – "D" Ré – "E" Mi.

O violeiro Daniel de Quintana, escritores e poetas em tardes de sarau.

Foto: divulgação arquivo da Livraria

Os livros são maiores do que a gente", dizia Guimarães Rosa. O fato de, na poesia de Benjamim, as letras aparecerem como símbolos, caracteriza-a como um espetáculo exclusivo para músicos.

Para que isso se efetive como entendimento, o músico é o responsável pela mediação da linguagem.

Em pouco tempo, os encontros de poetas e músicos viraram atração na livraria, tanto que começou a surgir a ideia de criar as coletâneas poéticas. Quando a teoria virou prática, A poesia para músicos foi um dos destaques do livro Caçador de poetas, que influenciou escritores, profissionais liberais e os empresários espalhados pelo distrito do Rotary 4510, no interior paulista.

Tião Carreiro é o mestre da viola caipira, ele é meu ídolo e também meu padrinho. Consegui entrar no mundo sertanejo graças a sua força.
Almir Sater.

A Política

Era quarta-feira. Benjamim voltava de sua sagrada caminhada na madrugada de 3 de julho, em uma noite maravilhosa de 2018 — o inverno não tinha dado as caras ainda —, na qual a lua estava exatamente no centro do céu. O projeto de iluminação sugestiva nos corredores largos e altos do condomínio, formados pelas flores brancas de Tubérgia, pelos cipós da trepadeira que entrelaçam os arames esticados, sustentados pelos mourões altos de aroeira, se misturava com a paisagem natural e garantia um visual reconfortante.

Mário Milani e as Flores de Tubérgia

Foto: Adailton Ragazoni

Essa arborização criou uma imagem linda e proporcionou uma diversidade de aromas, a qual se transformou numa espécie de energia em meio ao cheiro da relva. Os cipós entrelaçados seguravam as flores brancas; quem os vê, tem a impressão de estar diante de um mercado de flores, no qual os deuses da natureza oferecem, gratuitamente, agradáveis perfumes, além de uma atmosfera altamente contagiante. As pontas dos cipós parecem querer nos abraçar, enfim, o local é propício para exercícios físicos e para a reflexão.

Ao amanhecer, quando chove, os pingos dos cipós e a neblina proporcionam um incrível cenário. Já nos dias ensolarados, o encanto fica por conta das borboletas, que passeiam entre as flores de céu azul, e dos beija-flores, que colorem a flor viçosa da nossa alma.

No dia anterior ao passeio de Benjamim, Neymar fez a alegria dos brasileiros e ajudou a seleção de futebol a vencer, por 2 a 0, o México. Mesmo com a merecida vitória e com a notável dedicação dos jogadores brasileiros, a nação vivia uma espécie de tristeza, oriunda da descrença com os políticos das esferas estadual e federal. O então presidente Michel Temer amargava a menor popularidade da história do país, pois a corrupção foi a marca do seu governo. Fora do condomínio, nem tudo são flores!

A realidade é bem diferente. A começar pelos programas matinais de rádio, nos quais os derrotados das eleições municipais infernizam os eleitos de tal forma, que se torna insuportável ouvir as emissoras da cidade nesse período. O programa "Cocoricó", por exemplo, comandado pelo lendário Moacir Teixeira Pitta e campeão de audiência por 30 anos, saiu do ar repentinamente. Os diretores da emissora deram um tiro no pé, pois os ouvintes, surpreendidos com a decisão, não migraram para o programa de jornalismo, que substituiu Pitta.

Moacir Pitta e Mário Milani no clube dos poetas.

Foto: Divulgação arquivo da livraria.

Com o fim da tradicional atração, os moradores da área rural e a população em geral não mais ouvirão as poesias do poeta Benjamim pela manhã.

A cidade de Marília tem um ilustre cidadão, Dias Toffoli, ministro do Supremo Tribunal Federal (STF). No entanto suas ações não correspondem aos desejos dos brasileiros, o que pode ser comprovado nas redes sociais, inundadas de mensagens negativas a seu respeito. Diversos vídeos registram todas suas atitudes jurídicas, as quais desagradam a população. Por essa razão, muitos marilienses chegaram ao ponto de pedir desculpas aos visitantes.

Aos olhos dos brasileiros, as ações de autoridades como Dias Toffoli, Gilmar Mendes e Celso de Mello sempre deixam os desejos da população em segundo plano. São muitos os poderosos do STF, dentre os quais, poucos se salvam. Os ministros têm de exercer o papel de líder, dar exemplo de bom comportamento (e de autocontrole) Porém, para o povo, tudo isso não é exercido de fato.

A escolha de ministros ocorre pela indicação do Presidente da República, e o atual presidente do STF foi escolhido por Luís Inácio Lula da Silva quando Presidente da Republica, posteriormente foi preso por inúmeras denuncias, por ironia do destino ganhou liberdade por decisão do supremo, pasme, foi salvo pelo voto do seu escolhido. A muita semelhança com que aconteceu Jesus Cristo há quase dois mil anos passados quando Pôncio Pilatos deu liberdade a Barrabás, desta vez o ministro simplesmente lavou as mãos e deu liberdade ao ladrão Lula condenado em segunda a uma inversão, a multidão quer crucificar o Juiz e seus cinco discípulos. Os atores da decisão fazem do tribunal o palco do espetáculo que não agrada em nada à população, pudera, não são bons atores. Suas peças duram até duas horas e contêm discursos absurdos, que tentam explicar o que a população esconjura. Os figurinos de muito mau gosto escancaram a vaidade desse tipo de autoridade, que toma decisões no entendimento individual de cada um em razão das falhas da constituição.

Foi também no minuto final do recesso do STF, deu início à tentativa de soltura de um dos mais perigosos bandidos de colarinho branco, o ex-presidente Luiz Inácio Lula da Silva. Uma manobra fantástica para levar o presidente do STF às luzes da ribalta. O ministro

Marco Aurélio Mello, na tarde do dia 19 de dezembro de 2018, determinou a liberdade de presos em segunda instância, como Lula e mais uma multidão. Porém o presidente do STF, Dias Toffoli, derrubou o ato isolado de Marco Aurélio. Aos olhos dos leigos, tal atitude levou Dias Toffoli aos holofotes, A intenção do ministro indicado era de soltar não apenas o presidiário mais todos seus aliados que acabou acontecendo no dia 08 de novembro de 2019. Ao pensar nessa situação, Benjamim resgatou algumas memórias, porque, como empresário do ramo de equipamentos para indústrias gráficas, se lembrou da ascensão das famosas impressoras quatro cores, que fez as monocromáticas ficarem empoeiradas, sujas de graxas secas enferrujadas com o passar do tempo. Para ele, os rolos que imprimiram a história do progresso brasileiro encontram-se derretidos, colados na linha do tempo, isolados nos cantos dos barracões industriais. O único destino delas, além do já mencionado, era o ferro velho. Alguns ministros e muitos políticos são idênticos às velhas impressoras monocromáticas, pois não servem para nada mais — já se foi o tempo das famosas decisões monocráticas.

O povo brasileiro não aceita mais falcatruas, essas manobras estão descartadas, como serão descartados os juízes amigos dos políticos corruptos, que se acham poderosos. Eles terão o mesmo destino das impressoras monocromáticas. As mídias sociais já expuseram, ironicamente, as caras da grande maioria dos membros do STF, há, inclusive, imagens dos ministros com nariz de palhaço. Nem personagens como o político Tiririca são tão satirizados como alguns ministros, envolvidos em uma das comédias mais bizarras da história, as poltronas confortáveis dos aviões tornaram verdadeira tortura para alguns ministros do STF durante as viagens, são importunados pelos brasileiros revoltados com atitudes dos homens que não gostam de ser chamados de vocês no tribunal, na contrapartida são esculachados durante a viagem.

Tal situação assemelha-se às regras de escolha de sócios em clubes de serviço: a decisão cabe à minoria! Se apenas duas pessoas não aceitarem o novo sócio, ele não tem nem o direito de saber o que motivou aquela decisão. Note a semelhança: enquanto dois poderes, da primeira e da segunda instâncias, decidem pela prisão dos políticos bandidos, basta a decisão monocrática de apenas um ministro para dar liberdade ao condenado.

Manhã de domingo: Mário Milani no bosque do condomínio Costa do Ipê

Foto: Adailton Ragazoni

Caso um clube de serviço rotariano tenha 30 associados, bastam apenas dois para rejeitar o convidado, mesmo que ele preencha os requisitos. Assim, a decisão fica por conta unicamente da famigerada fogueira das vaidades. O padrinho fica sem ação perante ao seu afiliado, sem coragem de ligar informando a cruel e injusta decisão.

A grande maioria dos políticos, sem perceber, queima a credibilidade pública, obcecados pelo poder, de olho nos milhões de dólares recolhidos em impostos, o que os faz perder a cabeça e esquecer que sua função é construir um país justo e progressista. É como se o Banco Central fosse um imenso galinheiro sob o comando de raposas, que, garantidas pelo STF, atuam numa posição na qual somente profissionais preparados deveriam agir. No entanto cada vez mais, assiste-se a decisões apavorantes, que deixam as pessoas desnorteadas, como, por exemplo, soltar um político condenado a 30 anos de prisão por desviar milhões de dólares. As decisões do Supremo estão irritando pessoas de todas as classes sociais. Não será um Jipe e um soldado em direção ao Supremo que coibirão a instância máxima do judiciário brasileiro, mas sim a multidão nas avenidas do país, cobrando ações que não agradam as esferas federais e a população em geral.

Em uma das reuniões do STF, decidiu-se, por 6 votos a 5, ou seja, com participação do presidente do supremo, estender a imunidade parlamentar até as esferas estaduais.Resumindo de forma bem grotesca para que todos possam entender muitos dos deputados constituem verdadeiros bagres ensaboados. O Presidente Dias Toffoli, no dia 09 de maio de 2019, a maioria da corte decidiu prender outro ex-

-presidente, Michel Temer. Porém no mesmo dia, foi-lhe concedido o indulto. Não sabemos se há compromisso com as irregularidades jurídicas interpretadas por um grupo de capas pretas ou se eles não possuem capacidade para exercer o cargo, de extrema importância para essa nossa pátria amada Brasil.

Além dos políticos, seus familiares envolvem-se emprestando documentos para ajudar nas falcatruas, situação que ocorre durante gerações, muitas vezes. A impressão que fica diante desse cenário é a de que os juízes têm um carinho especial pelos familiares dos amigos corruptos, que, condenados a décadas de prisão, não permanecem mais que um mês na prisão. São liberados como a bezerra na cocheira, que precisa da vaca para se amamentar. Recentemente aprovaram uma lei que permite, ao corrupto, provar sua inocência durante cinco anos. Passado esse prazo, não faz-se necessário devolver as fortunas roubadas. Em alguns países, a justiça ocorre por meio de enforcamento, em outros, da eletrocussão. Aqui, os políticos e membros de alguns poderes são responsáveis pela morte de milhares de brasileiros, todos os anos.

Depois dessa reflexão, o dia termina com um pôr do sol avermelhado, sinalizando mais uma noite de luar que vai chegar. Ao adentrar no condomínio, os pássaros quero – quero fazem a festa ao verem os moradores chegando de mais um dia de trabalho. Sexta-feira, dia 06 de julho 2018. Calor na Rússia. O país para na torcida pela classificação do Brasil nas quartas de finais. Porém a estrela do jogador Neymar não brilha aos olhos de milhões de pessoas no mundo e o Brasil é descla sificado por 2 a 1, pela Bélgica, que ganhou com um gol contra do brasileiro Fernandinho. Após a eliminação, Neymar virou piada nas redes sociais, pois não aguentou as divididas com adversários.

Na solidão dos brasileiros, o silêncio se volta ao cenário político, a dúvida perante a escolha para presidente, para governador e para deputado, já que a maioria deles está envolvida até a alma em corrupção. Se existisse uma balança para pesar a consciência dos políticos, seriam como às de pesar caminhões; se existisse uma estrada só para os políticos, seria escura, cheia de espinhos e buracos e o destino central seria a capital Brasília, o inferno da nação brasileira. Falando sobre cidades, Marília fez história com políticos corruptos. Nesses casos, quem perde é a população. No desenvolvimento, perdemos para as cidades da região, exemplos de administração, enquanto a capital do alimento empaca, travada nas mãos dos políticos há décadas.

As últimas decisões do STF foram ao encontro dos princípios dos maus advogados que sustentam, dentro da lei, os ensinos demoníacos da justiça e que têm os olhos voltados para a abundância de dinheiro depositado em paraísos fiscais. Os juízes do mau são os mandachuvas, a legião de advogados vestidos da lei prepara o prato com o veneno da injustiça.

Benjamim fala da política!

O político eleito / em seu sentimento e pensamento
Manifesta o segredo / que vai à mente e à alma
Ele é só o político / vivendo o esplendor e a grandeza do cargo
Como o ator é ator / o cantor é cantor
O poeta é poeta / o juiz é juiz / As câmeras refletem a imagem de cada um / cabe ao povo julgar quem é bom ou mau
O juiz não pode fazer espetáculo / porque ele não é ator
Muito menos, artista!
O povo detém e exerce / a qualquer momento / o poder de dar e de tirar o poder
Infelizmente não pode fazer o mesmo / com os juízes do supremo.
Benjamim sempre ouvia uma história do advogado justo, que frequenta a livraria:
Ele diz: — prendi o bandido! Mas o advogado injusto soltou!
Nas barbas do delegado, o advogado injusto disse para o bandido: — agora vá roubar para me pagar!
O delegado, de mãos atadas, não pode fazer nada!

O advogado diz que um político só é julgado se passar pelo advogado! Esse mesmo advogado também sabe quem será o juiz no dia do

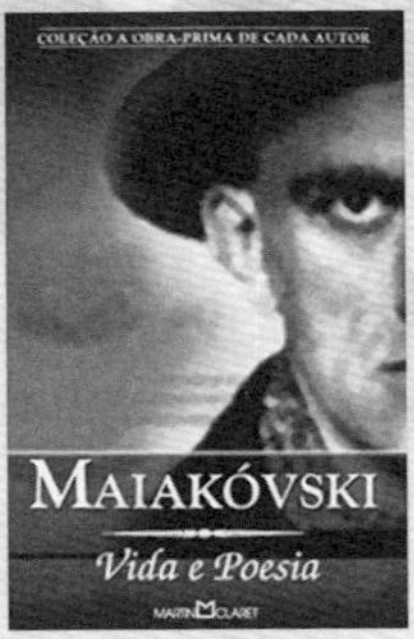

As poesias de Maiakóvski é uma das leituras preferida de Benjamim

Foto da capa: divulgação no Google.

julgamento, com dia e hora marcada, no lugar certo. Ele tem ciência de que a mão segura a caneta do Juiz injusto para libertar o político corrupto. Nesse cenário, o advogado ruim comemora, tenta explicar que a justiça foi feita. Tem político bom, tem também advogado bom, os quais dependem da decisão do juiz ruim.

Ambos saíram da mesma universidade, aprenderam na mesma sala, receberam o mesmo diploma, porém seguiram caminhos diferentes (com o mesmo status de Doutor). Com uma diferença: um desaparece na história, acaba na solidão e no abandono familiar, mofando atrás das grades; o outro, enquanto constrói verdades, permanece em seu confortável escritório, cercado de certificados pendurados nas paredes, demonstrando sua honradez, ao lado de uma biblioteca repleta de livros de poetas e de filósofos.

Existem comportamentos que servem como lição de vida, devemos, ou não, segui-los. Benjamim, em meio a boas relações, encorajado pelas informações que absorve em sua atividade cultural, apresenta, nesta narrativa, uma fantástica análise do comportamento dos homens sócios de um clube de serviços. Fala sobre as vaidades, as emoções, os medos, os anseios, a solidão e a timidez, demonstrando que o comportamento humano pode ser positivo e negativo.

A maioria dos clubes de serviços tem, como sócios, homens que buscam relações saudáveis de negócios, aprendizados, servir à comunidade, sempre cumprindo as metas da fundação. Porém há também pessoas vaidosas, especialistas em construir relações doentes e até deprimentes.

Durante sua permanência no seu ex-clube, Benjamim viveu momentos de plena relação saudável, não dando ouvidos às ações deprimentes. Mas, durante os últimos anos, com a chegada de pessoas em busca de fama, tentando impor ideias, as regras do local foram se perdendo, comprometendo o andamento do clube. Ao refletir sobre esse aspecto, Benjamim percebe que tem relação com o esvaziamento dos clubes, os quais passaram a ter suas histórias escritas por aquelas pessoas.

Desse modo, Benjamim lista exemplos desse novo momento:

— O jovem que foi presidente em um clube de serviço, ao término de sua gestão, pediu desligamento.

— Na sequência, o próximo presidente tinha como meta o afastamento ao término da sua gestão.

— O próximo presidente deixou o clube e entrou para a maçonaria.

— Por último, o quarto presidente, não suportando a vaidade de um sócio, pede afastamento no terceiro mês de sua gestão.

A rejeição de Benjamim no novo clube próximo de sua residência serviu para uma profunda análise sobre o esvaziamento dos clubes. O que estaria acontecendo com a fundação?

A dedicação de Benjamim à música e à poesia fez com que os clubes se tornassem um privilegiado espaço de divulgação do poder da arte, em todos seus gêneros, o que estimula grandes organizações a usar a arte como consagração de metas. Além disso, o uso dos clubes para desenvolver oficinas artísticas serve como boa publicidade, já que elas incentivam a valorização da cultura entre crianças e jovens da fundação.

2018 registra a mudança radical dos conceitos políticos, o povo mostra o poder na hora de decidir o que é bom para a maioria. Um candidato surge do nada, com propostas inovadoras, linguagem simples, eficaz e consegue, com seu jeito de artista político, driblar todos os partidos considerados experientes. Tal cenário pode ser comparado à situação de um cantor que faz uma bela canção do dia pra noite e se torna conhecido no mundo. Ou, ainda, à de um jogador que, através de suas habilidades, faz um gol fenomenal e cai no gosto até das crianças. Assim foi a campanha do deputado, até então modesto, Jair Messias Bolsonaro. Falar de política neste momento e nessas alturas dentro de uma narrativa cultural como esta é uma mancha de sangue em um lençol branco, oriunda de uma picada de pernilongo: tem que trocar a peça alvejada. É o que a população acabou de fazer na política! São tantos pernilongos em Brasília, que o candidato surge como solução para a peste que mancha a honra da população brasileira. O povo lavou a alma, está com a sensação de dever cumprido. Os projetos do candidato têm, como referência, os livros, o povo e a fé em Deus. Poderia eu estar falando como nos tempos antigos, nos quais a literatura intelectual era uma forma de se fazer política. Usar a forma grotesca e tradicional das últimas décadas para ganhar o povo é realmente uma idiotice. Além disso, deixar de percorrer caminhos saudáveis e férteis traz consequências irreparáveis para a cultura política.

A imprensa tem grande responsabilidade neste momento, pois quer, de qualquer maneira, envolver o candidato em polêmica, fazem de tudo para comprometer a campanha de pessoas, muitas vezes, bem-intencionadas. Escolher um candidato puro, sem manchas comportamentais ou deslizes é quase impossível. Tal contexto remete ao caso do pernilongo, já que a troca de governo foi necessária, assim como a do lençol, pois a gestão anterior deixou tantas manchas, que não conseguiu mais governar.

É hábito no dia a dia do cidadão, principalmente o do campo intelectual, cometer erros gravíssimos, os quais julgam ser completamente normais. Todo mês, meu amigo e vizinho, dono de um estabelecimento comercial, faz o pagamento para a psicanalista da filha, presencialmente, no consultório. Ele questiona ser um compromisso desnecessário, já que simplesmente poderia fazer a transferência todos os meses, porém o critério adotado pela clínica ainda é o dos tempos dos mafiosos: dinheiro ou cheque como garantia. Pagamentos com cartão de crédito são extremamente proibidos em muitas clínicas, de todo o território brasileiro. Profissionais de muitas áreas fogem de boletos como o diabo corre da cruz, não querem deixar rastros da sonegação.

Quando os jornalistas da TV Globo foram questionados pelo então candidato a presidente da república, Jair Bolsonaro, sobre seus salários e a forma como o recebem, ficaram em uma tremenda saia justa, não tocaram mais no assunto. Se os políticos quiserem resolver o problema de arrecadação no país, basta fiscalizar as contas bancárias dos profissionais liberais e de seus familiares. Posso citar um exemplo: minha secretária está fazendo implante dentário e reclamou dos preços, disse que custa uma fortuna. Ela disse, ainda, que o dentista não dá recibo! Também há mulheres que gastam fortunas com estética; a grande maioria não pega nem o comprovante do cartão na hora do pagamento. Meu amigo de academia estranhou quando eu pedi o recibo no momento do pagamento. A recepcionista se viu num tremendo embaraço para achar o documento fiscal e afirmou ser raro alguém pedir recibo de pagamento. Ela disse também não saber o que é uma nota fiscal eletrônica de prestação de serviços.

O comércio, de modo geral, sonega, sempre com a justificativa de que os impostos estão nas alturas. Isso mostra desconhecimento de mercado, pois quem paga os impostos são os clientes. Quando descobrirem isso, prosperarão e deixarão de reclamar. Tais pessoas não enxergam que as grandes marcas são reconhecidas como exemplos de progresso, já que recolhem seus impostos com extrema precisão, por isso, crescem. Os sonegadores brasileiros não aprenderam a lição: "daí, a César, o que é de César".

O então candidato Jair Bolsonaro, como num passo de mágica, mexeu nessa ferida durante a campanha e foi eleito apontando soluções. Agora, está com a faca e o queijo na mão, basta aumentar a fiscalização que, consequentemente, consegue aumentar a arrecadação e, com certeza absoluta, diminuir impostos. Enquanto poucos pagam impostos, uma multidão os sonega. Com o novo governo, teremos a população mais feliz e mais saudável, menos jatinhos cruzando o céu e muitas mansões de condomínios à venda. É notória a queda de vendas dos carros de um milhão de reais no país. Em contrapartida, teremos prateleiras abastecidas nos mercados, remédios nos hospitais, escolas com crianças sorridentes, placas com anúncio de emprego, mídias sociais cheias de ações positivas e por aí vai.

Os políticos têm, nas mãos, poder para fazer boas políticas públicas. Para tanto, a literatura pode ser uma aliada. Pode-se comparar tal situação com as de exploração de rochas, pois o paleontólogo, com sua marreta, sua punção e sua talhadeira, consegue encontrar tesouros escondidos. No caso da política, a literatura constitui a ferramenta e, as propostas para o povo, o tesouro.

Paleontólogo William Nava nas rochas de Marília

Foto: divulgação arquivo do paleontólogo.

Porém a literatura pode ser distorcida, como ocorre com os textos bíblicos, utilizados por muitos pastores como fonte de riqueza. Há também governantes que fazem mau uso da literatura. O político corrupto encontra, na literatura, palavras para enriquecer seu vocabulário e as usam para enganar os eleitores. Estão muito distantes da sabedoria do paleontólogo, que busca, na ciência, respostas para fazer um mundo melhor.

Foi o lado positivo da literatura que elegeu o candidato Jair Bolsonaro. A maldosa facada desferida em seu abdômen, o fez ficar, em silêncio, em um quarto de hospital. Porém como tinha livros no colo, os transformou em um manual da sabedoria, em um fio condutor para fazer a população entender que precisamos deixar de ser idiotas.

No livro de Olavo de Carvalho, O Mínimo que você precisa saber para não ser um Idiota, o jornalista, escritor e redator, Felipe Moura Brasil, questiona: "você conhece pessoalmente algum idiota?" Refaço a pergunta pois entendo que Jair Bolsonaro descobriu que é preciso expor os idiotas. Ele soube como ninguém explorar a sabedoria de Olavo de Carvalho, a ponto de, depois de eleito, ter, na mesa de entrevista, o livro citado exposto, para toda a nação ver. Em alguns momentos na campanha do "Mito", eleito presidente do Brasil, descobriu-se quão idiotas são alguns jornalistas. Até os renomados âncoras poderosos amarelaram ao fazer perguntas para o caçador de idiotas. Após adquirir o livro em uma renomada livraria de São Paulo, passei a prestar atenção nos idiotas da minha cidade. O primeiro é um jovem, de família bem-sucedida, dono de uma moto poderosa com escapamento adulterado, que, todos os dias, passava em frente ao escritório, talvez a caminho de suas façanhas de um verdadeiro idiota. O barulho ensurdecedor passou a incomodar os comerciantes da rua, assim, num belo dia, nossa recepcionista anotou a placa da máquina barulhenta e fez a denúncia. E não é que funcionou? Sem saber de nossa ação, o ex--idiota passa pela rua silenciosamente.

Outro caso de idiotice chamou a atenção dos moradores de um bairro de Marília. O atendente de uma lotérica foi chamado ao tribunal de contas sob a alegação de fazer jogo do bicho. Revoltado, o rapaz reclamava, porque o Juiz estipulou uma multa e um calvário em sua vida: apresentar-se, sempre que chamado, ao tribunal. Depois de tudo, o bicheiro demitiu a vítima por justa causa. Na mesma lotérica, uma moça foi contratada e, certo dia, foi parar no hospital, porque desmaiou quando a polícia chegou na casa de apostas para prendê-la, já que ela seria a responsável pelo jogo do bicho. Nesse caso, o título de idiota fica para o juiz, que criminalizou os inocentes trabalhadores isentando a responsabilidade total do bicheiro, dono do estabelecimento, provavelmente seu amigo. Quando pequeno, um dia ouvi do meu pai que juiz é igual à bunda de nenê: quando você menos espera, é surpreendido. Na minha idade atual, já vi tantas injustiças, que perdi a conta. Nos últimos anos, a política comprovou que realmente o juiz é igual a bunda de nenê. A imprensa e as redes sociais mostram, todos os dias, que o STF está mais parecido com um berçário.

Jair Bolsonaro, recentemente em viagem a Parati, filmou o trajeto que percorria, mostrando muitos pontos de radares que impediam aumentar a velocidade em locais normais de tráfego. A crítica, nesse panorama, fica aos "donos" dos radares, que têm a convicção de que o povo brasileiro é idiota, já que criaram uma indústria da multa, com a qual lucram milhões. Agora, porém, eles estão com a pulga atrás da orelha em relação ao novo presidente, já que ele não vai permitir tamanha injustiça com seu povo.

Ao pensar o Brasil, seu desenvolvimento depende muito da classe dos empresários, os quais, têm sido, nas últimas décadas, usurpados pelos políticos, principalmente, os governadores, que se tornaram verdadeiros urubus. Entretanto há estados brasileiros que desenvolveram ações inteligentes. No Espírito Santo, por exemplo, atraídos pela tacada de mestre do governador, que diminuiu os impostos sobre circulação de mercadorias — o famigerado e exagerado ICMS —, empresários de várias partes do país decidiram mudar suas produções, o que aumentou consideravelmente a arrecadação do estado.

Enquanto isso, São Paulo, maior arrecadador do país, insiste em permanecer com os impostos nas alturas, o que prejudica muito a classe empresarial. Assim, espera-se que o novo governador não queira ser o mais novo urubu eleito de 2018.

Desatarei a fantasia em calda de pavão num ciclo de matizes, entregarei a alma ao poder do exame das rimas imprevistas. Ânsia de ouvir de novo como me calarão das colunas das revistas esse que sobe a árvore nutriz escavam com seus focinhos as raízes.
Vladimir Maiakovski
1916 (Tradução de Augusto Campos e Boris Schnaiderman)

A Padroeira

Certo dia, Benjamim tomava café no balcão da lanchonete da livraria junto com alguns fornecedores, quando chegou um senhor, de baixa estatura, e entregou um tabloide. Dizia ser um jornalista em busca de patrocinadores e pediu para marcar uma reunião com Benjamim, a fim de falar sobre seu projeto. Então o jornalista se despediu e foi embora. Benjamim costuma dar atenção a todo tipo de profissional da área de publicidade, afinal, também é jornalista e sabe bem o que é vender publicidade. Deu uma rápida olhadinha no jornalzinho de duas folhas — com quatro páginas mono — e o guardou.

Era 2010 e a cidade vivia uma verdadeira epidemia de jornalecos, que dividiam espaço com os jornais tradicionais e com uma série de revistas. Muitas dessas publicações não passavam da terceira edição.

Lançamento da Revista Milani Store. Benjamim e a apresentadora Mayra TV a cabo

Foto: divulgação arquivo livraria.

A livraria era assediada por empresários da área da comunicação escrita, pois consistia no comércio mais sofisticado do centro da cidade. Benjamim fazia muitas parcerias com empresários do rádio e da TV a cabo, mas não deixava de prestigiar os pequenos meios de comunicação.

Nessa época, existiam razões suficientes para a livraria possuir o seu próprio meio de comunicação para divulgar os muitos eventos culturais lá ocorriam. O departamento de marketing já estava desenvolvendo uma mídia moderna. No entanto, Benjamim estudava, com muita paciência e cautela, o cenário desse meio tão competitivo.

Foi em uma dessas pesquisas que encontrou a publicação de apenas duas folhas — que formavam as quatro páginas mono do jornalista apressado. Um fato curioso: o tabloide trazia anedotas e curiosidades sobre as pequenas cidades, registradas em crônicas e em contos, o que fez Benjamim se recordar de Vera Cruz, interior paulista. Em sua adolescência, colecionava cordéis, gibis e livrinhos de histórias religiosas. Também não dispensava os contos eróticos, que ficavam escondidos, longe do alcance de seus pais.

O escritor português Manuel Maria Barbosa du Bocage era seu preferido, por um motivo especial: a genialidade do poeta, que resultava em anedotas inteligentíssimas. Na época, Benjamim, adolescente e inseguro, ficou angustiado quando soube que seu ídolo viveu apenas 40 anos: nasceu em 15 de setembro de 1725 e morreu em 21 de dezembro de 1765. Outras obras que ficavam na cabeceira de Benjamim eram as de Manuel Bandeira.

Passados alguns meses, Vera, pelo interfone, anuncia um senhor cujo nome é Alicate, o qual desejava falar com Benjamim.

— Pode acompanhar o senhor, vou atendê-lo no estúdio, tenho que pegar meu afinador de violão — afirmou Benjamim

— Sou Alicate, o jornalista que te deu o tabloide há algum tempo.

— Sim, estou lembrando! Gostei das anedotas e das curiosidades de Vera Cruz. Me diga uma coisa, seu nome é Alicate?

— É meu sobrenome, sou conhecido como Padre Urbano, assino meu jornal com a alcunha Alicate, pois é mais comercial!

— Qual é o nome do seu jornal mesmo?

— O Luminoso. A tiragem é de 1000 exemplares por edição

— Gostei muito da variedade de informação cultural: reflexões, curiosidades, anedotas, cantinho da poesia. A partir da próxima edição, vamos assinar seu jornal, conte conosco.
— Gostaria de mais uma gentileza sua, Benjamim: atender à dona Josefa, coordenadora das festivas religiosas de minha cidade.
— Pede para ela procurar a Daiana, auxiliar administrativa de eventos.
No outro dia, dona Josefa estava na loja.
Era uma mulher falante, otimista — características de líder comunitária. Benjamim já sabia da história, pois Alicate havia deixado bem claro as necessidades de dona Josefa.
— Estou muito feliz em conhecê-lo, Benjamim! Meu amigo Alicate disse que o senhor é uma pessoa muito generosa.
— Em que posso ajudá-la?
— Queria te mostrar este panfleto. Todos os anos, fazemos a procissão de Corpus Christi e precisamos de patrocínio. Padre Urbano disse que o senhor pode contribuir com a serragem. Já é de grande valia. Usamos toneladas desse produto!
— Ainda não falei com meu amigo distribuidor de madeira, prometo que vou conseguir! Conte como funciona todo esse movimento religioso, por favor.
— É uma tradição religiosa, que acontece todos os anos. A encenação de Corpus Christi é representada por um conselho extremamente organizado, temos todos os documentos exigidos pela legislação e nossa maior riqueza é a população. É ela a responsável pela decoração artística em toda extensão das ruas e das avenidas.

Neste ano, homenageamos os 300 anos da imagem de Nossa Senhora Aparecida. Gostaria de contar com o senhor, precisamos de muito material, pois o trajeto é bem grande e a cobertura toma os quarteirões inteiros, não sobra espaço sem decoração.

Somos bem atendidos pela secretaria da cultura; o prefeito fica todo orgulhoso pelo evento de proporção regional.
— Vou me empenhar e ver o que consigo, deixa seu contato comigo — disse Benjamim.
— Está no panfleto, pode falar com Padre Urbano. O tabloide O Luminoso tem todos os dados da nossa comunidade. Vou deixar o número

do meu celular também — afirmou dona Josefa, que foi embora toda feliz com a promessa de Benjamim.

Todo mês, Padre Urbano entrega O Luminoso em mãos para Benjamim. Virou figurinha carimbada da livraria em razão da sua gentileza com as livreiras, que aguardam, ansiosamente, a chegada do tabloide. Benjamim convidou o Padre Urbano para fazer parte do grupo "Poetas de Rua", por uma razão muito lógica: apresentar as poesias de O Luminoso no sarau da livraria.

A maioria das poesias no tabloide é assinada pelo poeta Alicate, que tem orgulho de enfatizar que não depende de ninguém para manter o jornal: é o jornalista, o revisor, o vendedor — além de não perder a chance de negociar permuta. Ele possui muitas parcerias com pequenas empresas. Sua trajetória enquanto Padre, que durou mais de uma década, proporcionou muito conhecimento e dedicação à leitura e, principalmente, à arte renascentista. Além de ser um bom orador, declama poesias autorais com ênfase e emoção. Seu repertório, de poesias e de crônicas de grandes autores, sempre é destaque nos eventos.

Chegou o dia da procissão de Corpus Christi na cidade de Vera Cruz! As ruas estavam coloridas com desenhos, para referenciar o grande dia em homenagem à Santa Aparecida. A catedral também estava toda decorada. A população, fiel, compareceu para louvar a passagem de Cristo. A produção artística da comunidade brilhava pelos imensos quarteirões e era fruto da dedicação dos religiosos. Benjamim caminhava silenciosamente de mãos dadas com sua esposa, em oração, pelos tapetes coloridos. Atender ao pedido de dona Josefa despertou a sensibilidade artística de Benjamim. O trabalho realizado pela população, com a qual caminhava junto, aflorou o sentimento de amor ao próximo.

O cenário, as famílias, os casais de namorados e as crianças, que brincavam com as imagens feitas de serragem, as quais se desfaziam, compunham um verdadeiro folclore religioso. Era nítida a alegria das crianças, que, desde cedo, aprendiam o significado da fé e da religião.

O convite de dona Josefa foi significativo para o poeta Benjamim! Padre Urbano, todos os anos, registra, em seu jornal, a festa em louvor a Jesus Cristo. Porém dessa vez haveria, além da tradicional cobertura, uma particípação especial no tabloide: a poesia de Benjamim em homenagem à Nossa Senhora Aparecida, inspirada pelas cenas da procissão em Vera Cruz.

Nossa Senhora Aparecida

Padroeira do Brasil / Tudo começou / No fundo de um rio
Nas mãos de três pescadores
Alves, Pedroso e Garcia / O milagre daquele dia
A notícia no mundo se espalhou
Nossa Senhora Aparecida
Tudo aconteceu a há trezentos anos atrás
É o exemplo de poder e paz
A imagem do amor
É a esperança do prisioneiro / Na cama triste de uma prisão
A fé e o amor da multidão...
Nossa Senhora Aparecida
Gente que vem de longe / Para agradecer a graça alcançada
Louvar a senhora abençoada
Santuário do amor / Lugar de muito louvor
O encontro com Jesus, nosso Senhor
Nossa Senhora Aparecida

A livraria se tornou uma espécie de agência facilitadora de negócios, pois a influência de Benjamim com praticamente todas as atividades culturais e empresarias na área de comunicação passou a abrir espaços para estudos de novos negócios.

Encontros de artistas e convidados

Foto: Eduardo Marques.

Músicos profissionais, amigos de Benjamim, musicalizavam suas poesias preferidas. A demanda foi tanta, que Benjamim construiu um auditório para reuniões com 60 lugares, equipado com uma lousa digital de 70 polegadas. As oportunidades estão muito mais perto do que imaginamos e, às vezes, as deixamos passar. A atenção dispensada à dona Josefa e ao Padre Urbano serviu para aumentar a fé de Benjamim. Foi em uma das suas caminhadas pela madrugada que veio a inspiração para compor a canção em homenagem a São Jorge. Era uma noite clara e Benjamim procurava a lua. Não a via no horizonte. Observou a sombra da lua nos seus pés, olhou para o céu e enxergou a imensidão da lua bem na sua cabeça, no centro do céu. Lá, a imagem imaginária de São Jorge inspirou a composição da música Imaginaria, disponível no YouTube

A lua já foi terra – D A E
E A E D
Essa noite tive um sonho / E na lua fui morar
E A E D
O quintal cheio de estrelas / E o sol sempre a brilhar
D A D A
São Jorge mostrou-me a lua / E um segredo ele me contou
E D A E D
E agora pra vocês, ele pediu, vou revelar
A D
Onde tinha árvore / O Homem cortou
A D
Onde tinha rio / O Homem secou
E A
E ele também me disse / Lá no disco voador
D E A
Que a lua já foi terra / Que a terra já foi lua 2X
A D A
São Jorge me revelou / Lá no disco voador
D A
Que a lua já foi terra / Que a terra já foi lua 2X
A
São Jorge revelou / Lá no seu disco voador.

O pequeno tabloide do famoso senhor Alicate, conhecido como Padre Urbano, serviu para inspirar a criação da Revista Milani Store, que se transformou em um projeto de 20 edições. Elas registravam as trajetórias dos artistas que por ali apareciam. A cidade de Vera Cruz e suas comemorações religiosas também inspiraram Benjamim a escrever e a gravar várias canções de louvor. As 20 edições da revista foram encadernadas em quatro volumes: dois deles foram entregues ao acervo da Câmara Municipal de Marília (com dedicatória), que continham registros históricos; os outros dois ficaram na biblioteca particular de Benjamim.

Tem pessoas que, no simples modo de olhar, transmitem a riqueza da alma. A sensibilidade dos escritores transforma o momento em ouro e, às vezes, brilha como tal; não são os ricos capazes de oferecer as dádivas necessárias, como não é deles o milagre da humildade.

Mário Milani. 2018.

O Palestrante

O tempo é realmente o senhor do conhecimento! É tão importante na vida, que, se durante o dia, as coisas parecem fugir ao controle, a noite cai para que descansemos. Um novo dia amanhece, tudo passa a ser diferente: novas emoções, novos negócios, resgate da vontade de vencer e da alegria de viver. O tempo é o combustível dos otimistas.

Quando Benjamim resolveu publicar seu primeiro livro, não sabia que se tratava de um novo negócio. O leitor que chegou até aqui já sabe das dificuldades de ser um escritor. Vender o próprio livro e o que fazer com ele após a publicação são os maiores desafios dos autores.

Para Benjamim, o escritor com obras lançadas se encontra à frente para ser um bem sucedido palestrante. A estrada é empoeirada, carregada de obstáculos, assim como a de outras profissões. Se para comercializar livros são necessários compradores, para haver palestra tem de haver público! Mesmo sabendo das dificuldades, Benjamim decidiu trilhar esse novo caminho.

Os temas das palestras foram construídos espontaneamente, a partir de sua experiência de vida. Quando percebeu, já estava acumulando mais essa função. Tudo começou ao escrever o seu primeiro romance, Uma Pedra no Caminho, pois, quando contava as histórias, antes de publicá-las, para seus amigos, despertava a curiosidade deles. Depois, passou a ser convidado, por pequenas empresas, para contar seus "causos", já que ele concedeu diversas entrevistas a canais de TV a cabo e aos principais jornais da cidade e da região, que destacavam suas atividades paralelas, ora como empresário, ora como escritor, o que chamou a atenção de muita gente. Não demorou e suas apresentações despertaram interesse de várias entidades, como Sebrae, Senai, Senac, escolas particulares, instituições de ensinos profissionalizantes, universidades etc.

Na década de 1990, Benjamim exercia a função de um bem-sucedido homem de negócios — em capítulos anteriores, o leitor passou por várias fases de sua trajetória.

Em uma tarde ensolarada, reservada para cuidar de negócios, Benjamim passava pela praça de Rancharia, uma cidade modesta do interior paulista, e uma barraca de garapa chamou sua atenção. Como era verão, um caldo de cana com gelo adoçaria e refrescaria a vida, pensou Benjamim! A árvore que cobria a barraca era frondosa e proporcionava a sombra dos deuses. Sentado no conforto do banco do jardim enquanto aguardava a cana ser moída, observa uma banca de revista na mesma calçada, na qual vizinhos se comunicavam bastante. Segundo o garapeiro, as pessoas daquela comunidade se ajudam muito e cultivam, há muito tempo, a amizade pessoal e o bom relacionamento comercial.

Nos negócios, as oportunidades, muitas vezes, estão onde menos esperamos. Do nada, surge um menino querendo engraxar os sapatos de Benjamim. Aquele contexto transformou-se em um momento de reflexão, pois o menino, falante, contava tudo o que acontecia na praça. Seu ótimo trabalho se refletiu no brilho do sapato. Como forma de retribuição, o menino ganhou, de Benjamim, além da gorjeta, uma coxinha de frango, atitude que o fez sair cantarolando, cheio de felicidade.

Acervo do autor

Foto: divulgação do kit composto por livro e CD.

Aquela banca da praça após alguns anos se tornou uma das mais vantajosas e lucrativas fontes de venda do livro Uma Pedra no Caminho. A garapa, o garapeiro, o dono da banca e o engraxate foram os fios condutores e a luz que indicou o caminho das novas bancas espalhadas pelas cidades do interior paulista. Tais pontos de venda foram extremamente importantes para a projeção de Benjamim no mundo literário. As bancas se tornaram as verdadeiras pedras preciosas em seu caminho; em todas as viagens de negócios, lá estava o escritor, entregando livros e recolhendo dinheiro vivo em espécie — fruto da arte de escrever.

O tempo foi passando, vieram outros títulos e Benjamim não precisou mais entregar seus livros nas bancas, pois conheceu os distribuidores de livros e de revistas que abasteciam os estabelecimentos espalhados pelo território nacional.

Essa história começou se juntar a outras. Foi o caso do lançamento do seu primeiro CD. Para o compositor Benjamim, foram os postos de gasolina, às margens das estradas, sua grande vitrine. Ele selecionou quase todos, dos mais humildes aos mais sofisticados. Seu maior foco eram os que continham churrascaria.

Benjamim abastecia as gôndolas com seus CDs, pois a onda, na época, era ouvir tal mídia em todos os tipos de veículos. Esses pontos de venda, por muito tempo, foram responsáveis pelo sucesso de muitas estrelas da música, principalmente as do sertanejo e da MPB.

Essas pequenas ações deram grandes resultados; os caminhoneiros se tornaram grandes consumidores e fãs de pronta entrega. Para eles, consistia em uma oportunidade singular conhecer Benjamim, o escritor e cantor, e ganhar autógrafos.

Tais aventuras passaram a ser contadas em rodas de amigos. O tempo passou e Benjamim já não podia mais fazer esse tipo de negócio, pois outras atividades tomaram seu tempo.

As histórias não pararam por aí! Como você pôde observar em capítulos anteriores, a dedicação e a atenção do empresário com a população — sem distinção de classe social — formaram uma legião de parceiros nas entidades comerciais, industriais e de prestadores de serviços.

Como frequentou, por mais de duas décadas, todos os tipos de conferência, de seminário e de assembleia, acumulou experiência e elaborou o seu próprio estilo. Benjamim fez uma avaliação do que era bom para sua carreira: livros, negócios ou palestras? Teria de escolher, já que não consegue viver sem aventuras profissionais.

A chegada da evolução digital trouxe também os profissionais de Coach. Benjamim quis saber como funciona esse mercado. Sua loja, a qual desenvolvia sete atividades, era um prato cheio para esses aventureiros. Benjamim contratou dois desses novos palestrantes: Silas, jovem formado em Administração de Empresas, e sua sócia, Jéssica, bacharel em Direito. Ambos frequentaram o curso de Coach, os quais viraram febre no mercado. Até renomados palestrantes se tornaram professores do ramo. O foco são as capitais, portanto, se alguém do interior, por exemplo, quiser se tornar Coach, basta viajar, por seis meses, aos sábados, para receber seu diploma.

As atividades da loja e a excelência do atendimento refletiam, diariamente, a experiência de Benjamim como escritor e motivador de equipe.

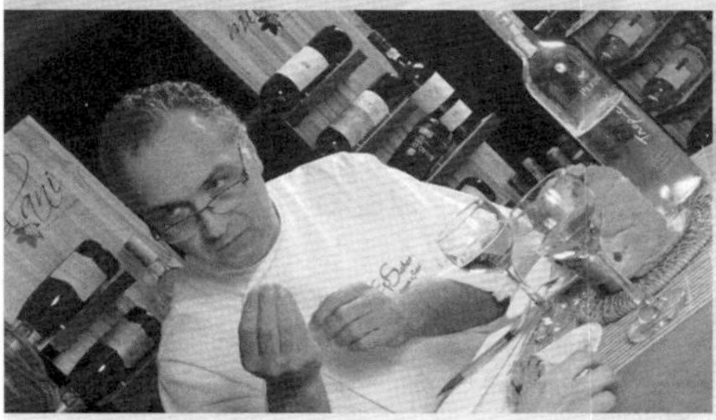

Sommelier, Luis Escouto, na adega da livraria em gravação para TV

Foto: arquivo da livraria.

Em seu estabelecimento, cada setor possuía a linguagem adequada, o que sempre gerou encantamento. Esse processo enriquecedor, sobretudo, se destaca em consequência das participações do sommelier, dos artistas e da classe intelectualizada.

Conforme mencionado em capítulos anteriores, um bom palestrante tem de ter passado por dificuldades financeiras, ou até ter quebrado a empresa, pois tais experiências serão proveitosas e de grande contribuição. Além disso, o palestrante poderá abordar de que forma proceder em cenários turbulentos, uma vez que a maioria das pessoas que participam desses eventos precisa de ajuda nos negócios.

Há sim certo exagero de alguns palestrantes, porém somente ficará na lembrança do público aquele que trabalhou a verdade e, principalmente, soube expor a força e a beleza da humildade. Quem está nesse ramo, tem de saber mostrar, com exatidão, os caminhos, as curvas, as encruzilhadas e, principalmente, as surpresas que a vida reserva em cada atividade profissional e pessoal. A estrada pode ser longa ou curta, por isso, precisamos aproveitar ao máximo os prazeres do trabalho e do lazer.

Quando a história do palestrante é verdadeira, vivida no chão dos negócios, no dia a dia, consegue expor as dificuldades do ramo, sejam elas jurídicas e financeiras, sejam turbulências políticas provocadas por medidas econômicas. Os resultados serão atrativos e a plateia aplaudirá caso a experiência seja colocada passo a passo. A fórmula para voltar a crescer, a gerar empregos e a ganhar dinheiro é tudo o que o público precisa ouvir.

Por que os dois jovens se deram mal e não conseguiram atingir os objetivos da loja de Benjamim? Pois não estavam preparados para enfrentar uma equipe treinada, desistiram na segunda semana, confessaram que os seis meses de curso de Coach não foram suficientes para treinar uma equipe de vendas daquele nível.

Silas desistiu da atividade, pois, segundo ele, o nome Coach é até atrativo, mas os resultados não são alcançados. Ele preferiu voltar a trabalhar com carteira assinada. Jéssica seguiu o mesmo caminho do sócio e foi trabalhar em um grande escritório de advocacia.

O autor deste livro apresentando as crônicas e poesias motivacionais

Foto: arquivo do autor.

Em outras oportunidades, Benjamim abriu espaço para palestrantes de diversas áreas, porém não escondeu que se tratava de um experimento para cuidar e treinar pessoas de ambientes corporativos.

O objetivo principal era acrescentar mais esse conhecimento às atividades da loja; em contrapartida, os profissionais poderiam usar a influência do escritor para abrir portas. Falar sobre liderança situacional consiste em uma das tarefas mais difíceis nesse ramo, pois o poder encanta, mas é preciso levá- lo a sério.

Mesmo os palestrantes que se tornaram verdadeiros fenômenos, ídolos e astros, cometem exageros. Em sua grande maioria, têm respostas para tudo, porém são os empresários que vivem o dia a dia comercial, por isso, nem sempre a área acadêmica atende às necessidades do cotidiano. Tudo o que falam para empresários são meras coincidências extraídas de livros, para tanto, costumam citar celebridades da mitologia, da história, da arte, além das viagens que fizeram.

Um grande historiador, recorde de público e com agenda cheia, também comete erros simples. Às vezes, o sucesso sobe à cabeça. Muitos começam sua palestra proibindo o público de gravar as apresentações, ou seja, esquecem que não são donos dos celulares e que não têm autoridade pública para ditar regras.

Não se pode viver feliz quando a honestidade está em jogo. Se a fala do palestrante não atender aos objetivos da plateia, não haverá meios de superação por muito tempo e sua carreira ficará comprometida. São muitos os palestrantes renomados que estão virando carne de vaca, saturados com as repetições, pois estão longe do chão de um comércio e dos barracões das indústrias. Por isso, amargam a falta de público e se tornam os pastores dos negócios, vivem o fanatismo da teoria sem a mínima experiência real da vida comercial ou industrial.

Aprendi o silêncio com os faladores, a tolerância com os intolerantes, a bondade com os maldosos; e, por estranho que pareça, sou grato a esses professores.
Khalil Gibran

As histórias verdadeiras de Benjamim foram percebidas por algumas agências de eventos, além disso, suas experiências e sua aparição nos meios de comunicação passaram a chamar a atenção dos promotores desse tipo de atividade.

Benjamim tem um programa semanal na TV a Cabo, portanto, tem um contrato. Os convites se tornaram constantes. Duas jovens senhoras conseguiram convencer Benjamim a começar a elaborar algumas palestras sem comprometer seu contrato com a TV.

Benjamim apresentador de TV Campus da UNESP, em Marília/ SP.

Foto: Adailton Ragazoni.
Arte: Eduardo Dias Dário.

A cautela, mania de Benjamim, e precisão em tudo que faz, mais uma vez pesaram muito. Seu primeiro passo foi convidar o design, artista gráfico e amigo Eduardo Dario, famoso profissional, conhecido como Gringo.

Tudo que ocorre no mundo tem um objetivo! Existem, neste mundo, momentos em que tomar decisões é fundamental. A de Benjamim foi aceitar expor suas experiências aos empresários. Sua escolha baseou-se no fato de que os seres humanos estão vivendo constantemente em ação, precisando de informação, pensando sempre em como agir diante das dificuldades.

Para Benjamim, todo cuidado é pouco no que diz respeito à comunicação. Falar representa o pensamento, assim, a palavra deve ser transmitida com sentimento, para que o receptor da mensagem entenda a boa intenção do palestrante e absorva o que há de verdadeiro. O resultado é gratificante para o palestrante quando aqueles que têm ideias fixas e vivem presos a elas, se libertam.

O plano de Benjamim foi recebido com muito entusiasmo, em razão de sua criatividade, oriunda de suas experiências. O tema da palestra foi sugerido por Gringo, que baseou-se no comportamento da empresa, nas atividades de Benjamim e em sua participação nas atividades culturais, nas comunidades e nos clubes de serviços, para criá-lo: A Fantástica Vida Empresarial e seus Segredos.

Os segredos do sucesso, a verdade e a felicidade da vida corporativa é tudo que plateias de empresários procuram. O ser humano não deve nunca se esquecer de aprimorar seus conhecimentos e jamais deixar a busca pelo sucesso. O constante crescimento de mulheres na vida empresarial está contribuindo muito no relacionamento com o público consumidor, que enxerga nelas competência e humildade, o que faz diferença no mercado. As promotoras de eventos foram surpreendidas com os métodos impostos por Benjamim, totalmente inéditos e eficazes. Isso porque o escritor e poeta sempre frequentou eventos com grandes palestrantes, os quais constituíram o esteio do sucesso de suas empresas. Normalmente, o bom palestrante passa pela cidade e raramente retorna, devido à agenda de compromissos pelo Brasil. Os seres humanos vivem em busca de aprimoramento constante, motivados pela grande concorrência.

Benjamim realiza tantas atividades, que suas ideias foram aceitas quase unanimemente no plano inicial. O nome de Benjamim abriu as portas do mercado para as senhoras empreendedoras. As cidades receberam seus ensinamentos e os utilizaram como base para uma evolução inédita. O escritor elaborou duas palestras ao invés de uma. A primeira é apresentada apenas aos empresários da cidade e da região, já a segunda, no dia posterior, acontece sempre nos teatros e é voltada às famílias dos empresários. Tal formato visa a atender a vontade que Benjamim tinha quando frequentava as grandes palestras. Para ele, quando a coisa é boa, a família também precisa ver.

Mário Milani e a esposa, Silmara Truzzi, no saguão do Teatro Municipal de Marília, em exposição dos livros do autor em forma de arte

Foto: Samara O. Milani.

Quando o telão do teatro exibe as crônicas autorais de Benjamim, especialmente escritas para suas palestras, o público fica em silêncio, como se estivesse vendo um novo horizonte para os rumos de suas empresas. Esse momento poético cria certa expectativa de crescimento cultural e aproxima os empresários da literatura.

Essa espécie de apresentação tem como foco a família, pois, quando os pais pensam apenas em trabalho, comprometem o futuro dos filhos. As crônicas e as poesias despertam ainda mais proximidade na relação familiar.

No começo, os escritos chamavam a atenção dos jovens; com o tempo, até crianças começaram a frequentar o teatro.

Então os pais perceberam que levá-las desde cedo a eventos culturais estimulava a vontade de serem bem-sucedidas na vida.

2019 marca uma nova era política para o Brasil e prova que membros do funcionalismo, público, em sua grande maioria, desejam muito privilégio e pouco dever, porém esse pensamento está com os dias contados! O PIB do Brasil não sustenta mais tamanha desorganização. Os subsídios para membros do Supremo Tribunal Federal e para representantes políticos constituem bons exemplos de abuso do dinheiro público, já que integrantes de ambos os setores contam com inúmeros privilégios. Além disso, a prioridade deles é se manter no cargo, mesmo que isso implique corrupção.

A ideia de Benjamim, de convencer os filhos dos empresários a ir ao teatro para prestigiar A Fantástica Vida Empresarial e seus Segredos, tem levado uma legião de crianças a herdar a profissão dos pais, o que, no futuro, evita cenário como o jurídico e o político.

O gosto pela literatura imposto com eficácia, desperta o desejo por aventuras, por qualidade de vida e, o mais importante, por criar maneiras para atingir esses objetivos. A agenda Benjamim anda lotada!

Hoje, os jovens estão com a faca e o queijo na mão, já que as universidades dispõem de toda tecnologia possível. Já as empresas estão vacinadas contra as falcatruas dos fiscais do passado, que, interessados em mostrar serviço, multavam sem distinção as empresas em crescimento. A preparação dos novos funcionários públicos voltados à ética, à informação e à dedicação profissional, tem animado os empresários. Esse novo horizonte pode ser a bola da vez, já que pode significar a abertura de mercado e a criação de parceiras com potências mundiais. Há empresas no Brasil que já realizam a transição à terceira geração da família.

Quando Benjamim mostra, no palco, a importância da poesia e da música, através de metáforas, muitos jovens se interessam pela arte em geral.

Em muitos casos, o talento deles encontrava-se adormecido por falta de estímulo.

Mário Milani: ensaio das crônicas e músicas motivacionais

Foto: Jorge Abe.

Benjamim, ao contar sua verdadeira trajetória como músico, poeta, escritor, palestrante, apresentador de TV e editor chefe de revista, sem deixar de lado sua obsessão pelo mundo empresarial, mostra sua paixão pelo trabalho.

Muito longe dos modelos atuais, nos quais os palestrantes selecionam uma centena de nomes da literatura mundial, sem a mínima pontuação de resultados absorvidos pelo público, Benjamim fala com amor, paixão e, principalmente, não esconde as dificuldades. A pergunta é: de onde vem tanta inspiração? Raul Seixas e nas suas composições, as quais defendem que usamos apenas 10% da nossa capacidade de pensar. A estrada da vida tem que ser planejada, pois não há chance de observar o amanhecer do dia anterior. Ter a consciência de que o novo dia não será igual aos outros é a maior lição diária! Quando Benjamim narra como os pais das crianças da plateia começaram suas corporações, é acompanhado por uma bela música, cujo refrão "gruda" na cabeça — talvez para o resto da vida.

As dificuldades dos empresários são bem parecidas, já que ninguém chega ao pódio com facilidade. Além disso, se manter no auge constitui o grande desafio. Quando Benjamim descreve as dificuldades sobre um novo negócio, o silêncio é notado imediatamente! É como se o público assistisse a uma apresentação sinfônica com uma cantora lírica, pois é estimulado a viajar, a sonhar, a pensar em fazer e a conquistar o sonho de chegar lá. O novo negócio pode nascer paralelamente ao dos pais. Mas Benjamim acredita que, além disso, é necessário manter o hábito da leitura e buscar, nos grandes eventos comerciais, as soluções e as atualizações de mercado. Em suas palestras, o público vai ao delírio, e, ao final de suas explanações, ele fica até duas horas autografando livros.

Quando Benjamim enfatiza suas passagens pelas estradas da vida, pode-se notar que a arte de uma forma geral está presente. Por quê? Pois Benjamim, durante sua trajetória, sempre se norteou pelo poder do conhecimento e das provações. Sua apresentação pode ser comparada a um quadro pintado, cujas linhas nos levam a sentir a alma do autor da obra.

Na verdade, a vida se torna intensa a partir do olhar literário e artístico, o qual desperta a felicidade e a humildade. Ele também transforma a vida empresarial.

Quando o palestrante se depara com uma plateia pessimista, é desafiado a transformar a sua linguagem! Como falar de arte, poesia e literatura para um empresário infeliz? Como fazer o cidadão parar quieto na poltrona? Como chamar a atenção de quem está precisando de um milagre?

Nessas situações, faz-se necessário ultrapassar o estranhamento para que haja interação. São muitos os casos de suicídios motivados por dificuldades financeiras nas empresas. Além disso, diversos jovens têm tirado a vida devido à ansiedade, muito comum nessa faixa etária. Benjamim se deparou com dois casos típicos, difíceis de controlar: um empresário com problemas econômicos e à beira do divórcio; um jovem de 29 anos apaixonado por uma pessoa mais velha — e que não se conformava em ter ficado em segundo lugar entre 300 candidatos na disputa de uma vaga de emprego da Web. Na primeira situação, o empresário absorveu os aconselhamentos de Benjamim, pois percebeu que a esposa seria de suma importância para recuperar a empresa — algum tempo depois, conseguiram juntos, reverter o cenário negativo. Já na segunda, mesmo após dialogar com Benjamim, o jovem cometeu suicídio — levou consigo as angústias e não deixou as razões pelas quais tirou sua própria vida.

Quando a arte é utilizada como meio de transformação, se torna mais fina, já que, com ela, podemos nos dirigir aos outros sem pressioná-los. A arte desperta paixões; quando aplicada com eficácia, serve para prender a atenção da plateia e conquistá-la.

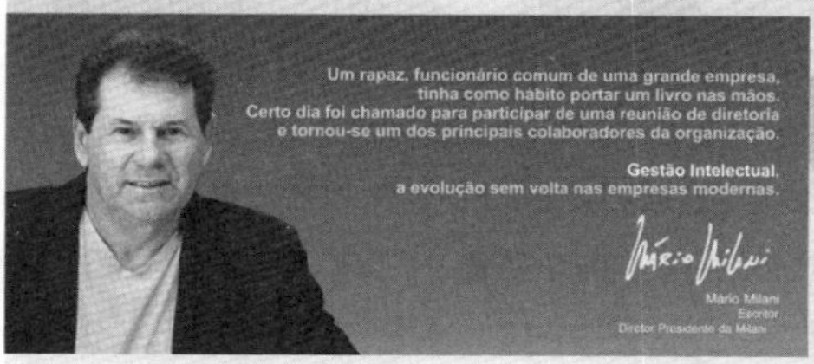

Cartaz de Mário Milani: gestão intelectual

Foto: Adailton Ragazoni.
Arte: Eduardo Dario Dias.

Benjamim percebeu que alguns temas recorrentes em palestras causam certo desgaste, já que muitos profissionais da área estão cansados de repetições, principalmente de assuntos voltados a motivar pessoas. Quando Benjamim descobriu o segredo das crônicas motivacionais, saiu na frente! Ele mistura sua originalidade e seu estilo de pensamento, assim, ministra eventos suaves e prazerosos.

O leitor que chegou até aqui percebeu que o livro começa falando de arte e sempre a aponta como ferramenta para viver bem, primeiro consigo mesmo depois, com os outros. Essa dádiva, quando percebida, torna a vida bonita, pois nos faz enxergar que tudo o que precisamos para viver está no outro: foi o outro que escreveu um livro com ensinamentos. A Bíblia Sagrada, por exemplo, consiste na obra mais motivacional já feita. E foi escrita há muito tempo, por pessoas que viveram lá no Oriente, ou seja, do outro lado do planeta!

Além de atrair a plateia pelo modo e pelo estilo, o palestrante tem de ser um pensador, capaz de seduzir pela sua filosofia de vida, adquirida a partir de sua trajetória. Todo palestrante se alicerça nos grandes pensadores, por que são eles os principais responsáveis pela evolução humana, por isso, sempre estarão em evidência. Os novos pensadores serão aqueles que se basearem na literatura para criar uma nova filosofia de trabalho.

Benjamim sempre utiliza a natureza como exemplo para despertar uma nova fé nas pessoas. Ele acredita que os seres humanos não são concorrentes e procura despertar a bondade no próximo, para que vivamos da forma mais evoluída possível.

Quando montou a livraria, Benjamim desejava produzir uma grande obra literária sem deixar que as pessoas percebessem que, na verdade, não era um simples negócio, mas sim uma missão. Ele tinha consciência do tamanho do desafio, já que o país não admite fracasso comercial; para tanto, não podia errar, não teria com quem contar, nem mesmo com o poder público, que não valoriza a cultura. Até então Benjamim tinha razões para arriscar, pois o conforto da sua consciência pode ser percebido a partir de seu sucesso nos negócios. Agora, vive intensamente A Fantástica Vida Empresarial e seus Segredos. Nos palcos da vida, tem o prazer de fazer admiradores e de contribuir para um mundo mais humano e profissional.

Mesmo com tantos tombos em campo o jogador Neymar, e dono de algumas mansões, dono de um jato [...]. Os tombos são sinais para levantar mais forte e mais cauteloso rumo ao sucesso ou fracasso [...].
Mário Milani.

Quando a história nos toca, nos transformamos em habitantes. As folhas do livro são as escadas e, a capa, o vitral do palácio encantado da nossa vida [...].
Mário Milani.

O Livro e o construtor

Quando Benjamim, na primavera chuvosa de 2009, começou sua grande empreitada — construir um prédio cuja arquitetura remetesse às suas tradições culturais — seu objetivo era um tanto quanto singular: dar a receita para viver a fantástica vida empresarial tendo como ponto de partida os livros. Assim, neste livro, todos os capítulos permitiram, ao leitor, viver momentos de autoconhecimento e de superação através da magia da leitura.

Benjamim dedica a maior parte de seu lazer à literatura, à poesia e à música. Suas crônicas têm, como desafio, analisar a vida social da cidade; as poesias registram épocas românticas e contemporâneas; já suas composições remetem às coisas belas da vida e, desse modo, é severo crítico de letras que denigrem a imagem da mulher. Além disso, conserva o bom conteúdo cultural nas suas composições — saudosista, registra, poeticamente, a beleza da mulher brasileira. Sua literatura também foca as estratégicas motivacionais, alerta a população sobre os problemas capitalistas — como a pseudonecessidade de adequação ao sistema vigente. Para isso, Benjamin baseia-se em suas experiências empíricas e não em estudos acadêmicos.

A narrativa apresenta um personagem cheio de grandes sonhos, dedicado, observador, um pouco exigente no que tange à arte e à cultura e, por essas razões, tenta agradar a todas as idades, mas, principalmente, os jovens, que constituem a maioria de seus seguidores. O personagem analisa, ainda, aspetos do comportamento dos seres humanos, como a individualidade, a vaidade e o conservadorismo da sociedade.

Benjamim é sonhador, visionário e corajoso. Ele não se importa com o que a sociedade pensa a seu respeito, sabe quais são os momentos certos para iniciar ou encerrar determinados projetos, como um comércio, por exemplo. O dinheiro nunca substituiu a sua busca por felicidade, objetivo prioritário de sua existência.

Extraída cuidadosamente da vida real tem por razões legitimas o desenvolvimento cultural, comportamental, e principalmente a vida social.

Seu projeto, sua intenção é que o lugar constituísse uma referência cultural para a população. Como se informou sobre dados estatísticos, quis fugir da dura realidade brasileira: de acordo com pesquisas, 95% dos comércios e indústrias fecham antes de completar 5 anos. Por isso, sua ideia foi manter seu projeto comercial durante sete anos, a fim de seguir a passagem bíblica dos sete anos de vacas magras e sete anos de vacas gordas.

Mesmo após a concretização do sonho, por meio da valorização do ponto comercial e da cultura local, a população não esquece a história do início da imponente construção que chamou a atenção da vizinhança.

Construtor Benedito inserindo livros entre os tijolos.

Foto: Mario Milani.

Enquanto erguia o prédio, livros lacrados eram inseridos entre os blocos no momento do assentamento, pois, simbolicamente, tal ato significava registrar, na empreitada, documentos históricos que retratassem a sociedade local com suas publicações. Como já havia chegado ao seu 7° livro publicado, Benjamim — pioneiro em extrair de seus personagens composições musicais gravadas em CDs que são anexas às suas obras — inseriu, em pontos estratégicos da construção, suas obras nos tijolos, contando com a possibilidade de, no futuro, quando alguém abrir uma porta ou uma janela, irá encontrar uma obra sua intacta.

O segundo andar abrigou a imensa livraria, cujo público-alvo eram os leitores, os artistas e os homens de negócios, todos reunidos em torno da cultura que Benjamim sempre estudou do ponto de vista comportamental.

A localização privilegiada de seu escritório permite, a ele, visualizar todos os setores da livraria; a fachada proporciona uma visão panorâmica de todo o primeiro andar; a calçada larga, na esquina, é ideal para uma conversa na parte externa; os expositores inclinados, que destacam os grandes best- sellers, chamam a atenção de várias pessoas, inclusive dos alunos das escolas técnicas ao redor, que passam todos os dias em frente à livraria.

O local passou a acolher os lançamentos dos escritores e dos poetas da cidade. A parceria funcionava tanto, que até os designers frequentadores da livraria elaboravam agradáveis identidades visuais para os convites.

Silmara, a esposa do autor em primeiro plano à direita, degustando vinho junto a parentes e convidadas em noite de lançamento.

Foto: arquivo da livraria.

Em algumas ocasiões, havia até degustação de vinhos importados e a presença de músicos para animar o ambiente. Benjamim não recebia apenas os escritores mais abastados. Abria espaço também para os talentos que não reuniam as condições financeiras necessárias a um grande evento e fazia questão de ser o mestre de cerimônia em todos eles.

No começo da atividade livreira, surgiram os primeiros convites de escolas do ensino médio, para Benjamim fazer palestras sobre sua atividade comercial. Não demorou e os convites das universidades começaram a chegar.

Um caso interessante que Benjamim gosta de contar foi no dia que estava agendada uma palestra sobre seu Livro "Fazenda do estado".

Contracapa do livro Fazenda do Estado.

Fotos: Adailton Ragazoni. Editoração: Corbi Braga.

Chegando na universidade, a coordenadora do curso de Ciências Sociais alertou Benjamim falando que, apesar de, ao todo, serem 50 alunos o público da palestra, nem sempre todos ficariam até o final, normalmente, uns 10 sempre dariam atenção integral ao palestrante. Surpreso, Benjamim foi objetivo, respondendo à coordenadora gostar de desafios. Ao adentrar na classe, percebeu a forma de os alunos se vestirem: a grande maioria usava bermudas e camisas desgastadas do tempo, chinelos e muitas vezes, tinham tatuagens que sempre simbolizavam sonhos e desejos dos alunos, os cabelos, na grande maioria, compridos e aparentemente bem cuidados.

Após cumprimentar o diretor e a coordenadora, cumprimentou os alunos e emendou: "a imagem de vocês me remeteu à minha juventude. Sou fã incondicional do grande cantor e compositor de reggae, Bobby Marley." Ao abrir a palestra dessa forma, Benjamim atraiu os olhares dos alunos e, ao perceber interesse deles, declamou a poesia "O artista", que veio a calhar com os sonhos daqueles jovens. Para sua alegria, nenhum deles saiu da sala enquanto a palestra não se finalizou.

No final, tirou fotos com os alunos e deu autógrafos em alguns livros que carregavam em suas mochilas pesadas de conhecimento. O que aparentemente era assustador acabou por ser um momento especial, já que aquelas pessoas simbolizavam o exemplo de seres humanos que lutam para um mundo melhor de cultura e paz para todos.

A aventura comercial de Benjamim tinha esse poder de agregar valores culturais para o crescimento pessoal dos frequentadores. Assim, logo começaram a surgir demandas culturais de todos os lados: movimentos de Haikai, Jogral e debates poéticos, chegando ao ponto de Benjamim não poder atender mais os pedidos gratuitamente. Foi aí que surgiu a ideia de criar sua agência de eventos.

Na minha vida, eu tenho vários tipos de alimentos, os livros são como as delícias expostas nas gondolas dos supermercados.
Mário Milani.

A Vernissage

No desejo de aprofundar ainda mais seu conhecimento, Benjamim decidiu organizar quatro exposições na livraria. Selecionou dois artistas renomados para representar a realidade e o dia a dia de todos que por lá passaram. As duas exposições foram coroadas com a maciça presença de público.

Autorretrato de Braz Alécio no auge da sua carreira

Fonte: Acervo de Braz Alécio.

Um dos artistas plásticos convidados foi Braz Alécio, brasileiro, filho de Marília, nascido em 1929. Suas obras, conhecidas pela beleza e pela sensibilidade, mesclam os comportamentos artísticos, comerciais e profissionais da sociedade, junto aos amigos, clientes, admiradores e a uma imensa legião de alunos do seu ateliê.

O outro consistiu no renomado artista plástico alemão Heinz Budweg, que, após passar a infância em Berlim, se escondendo dos bombardeios da 2ª Guerra Mundial, veio para o Brasil, encantou-se com nossas cores e decidiu viver em um país sem conflitos. Apesar disso, suas recordações não são traumáticas. Certo dia, ele contou que, em 1944, aos 4 anos, corria, junto à mãe e aos quatro irmãos, para se esconder dos bombardeiros, pensando ser algum tipo de brincadeira. Em 1953, veio ao Brasil.

Quando Michelangelo saiu da Toscana para viver em Roma, seu compromisso era o de trabalhar com o Papa. Para sua sorte, Lourenço de Médici era um governante iluminado, poeta, humorista e amante da arte. Gostava tanto do artista, que o levou para morar em seu palácio. Com a morte de Lourenço, que ocorreu pouco tempo depois de Michelangelo conhecê-lo, tudo mudou: sem dinheiro, voltou para a casa do pai e dedicou seu tempo aos estudos da anatomia; em troca, recebeu um crucifixo de madeira entalhada. Tal situação anterior pode ser comparada com a do artista Braz Alécio, que não teve a sorte de encontrar um prefeito com olhar para a arte como cultura, história, riqueza conhecimento, futuro.

A sucessão de governantes na cidade de Marília, em sua grande maioria, sem visão cultural, deixou a população órfã, sob o ponto de vista artístico, por décadas. Figuras como Budweg, que possui grande influência do também alemão Albrecht Dürer, do período renascentista, não são valorizadas, apesar do inquestionável talento. Heinz possui, no olhar, o azul do céu e, nas mãos, o poder que Deus lhe deu. Já Dürer encontrou, na vida animal (e vegetal), o fio condutor para a fama. Seu talento e aparência física são evidentes em sua arte. As diferenças entre ambos são oriundas de suas influências: Dürer tinha clientes especiais, como o Imperador Maximiliano l. Já o vasto conhecimento do artista e pesquisador Budweg, com raras exceções, foi aproveitado pelos políticos.

Heinz Budweg em vernissage na cidade de Marília

Foto: divulgação arquivo do artista

Dürer saciou sua sede de conhecimento junto aos mestres da época. Casou-se em 1494; na primavera daquele ano. Já Heinz Budweg foi em busca do conhecimento em terras indígenas, pintando e retratando, em telas cromáticas, os costumes dos índios caboclos caiçaras, além dos lugares, dos ambientes e das tradições culturais de um país encantador e continental. Em perfeita harmonia com o povo indígena, o pintor iniciou o processo de criação de suas linguagens nas artes visuais. Seu estilo pós-impressionista é oriundo de um amadurecimento de seu conceito sobre os grandes centros, pois, para ele, são iguais em qualquer lugar do mundo. As paisagens e o serrado sempre consistiram em fontes inesgotáveis de riquíssima diversidade cultural naturalista. Porém o artista não teve a mesma sorte dos grandes pintores do
Renascimento.

Certo dia, Budweg foi à livraria com sua esposa, Edna, dizendo que desejava conhecer Benjamim, por indicação do vice-prefeito de Marília. Benjamim sempre foi bem inteirado com a realidade do mundo artístico. O artista foi recebido no café da livraria e ouviu muitos elogios dos visitantes. Nos olhos azuis do pintor, brilhou a esperança, já que, naquele universo de cultura, encontrou um local para expor sua arte. Os políticos deviam respeitar a arte, dar a merecida atenção! A promessa para esses seres iluminados é muito diferente, eles acreditam nos outros, pois cumprem o que falam, enquanto a prática da maioria dos políticos consiste em não cumprir promessas.

O artista pede para sua esposa ir até o carro, a fim de pegar os rascunhos do projeto de um imenso painel, o qual os políticos prometeram instalar no saguão do teatro, que estava em processo de reforma. A ideia inicial do artista consistia em organizar uma grande exposição de suas obras na galeria da livraria, para chamar a atenção dos políticos, além de apresentar sua capacidade artística durante o coquetel e, ao mesmo tempo, presentear a cidade com obras premiadas internacionalmente. Para Benjamim, tal fato constituiu uma excelente oportunidade de negócios.

No quadro O Ciclo do Café, de 2000m por 1000m, acrílico sobre tela, o artista registra imigrantes nas lavouras, colhendo os grãos brilhantes — à época, eram valorizados como o metal. Devido às lembranças das lavouras de café da sua família, Benjamim decidiu comprá-lo!

Quadro O Café, de Budweg

Fonte: arquivo do autor.

Após três exposições, Benjamim constatou que a população mariliense não possuía o hábito de ler e não se interessava por arte — havia raras exceções. Benjamim, internamente, duvida que os políticos cumprirão a promessa feita a Budweg, porém nada pôde fazer perante a empolgação do casal, afinal, a exposição pode ser a chave para o fechamento do contrato do tão cobiçado painel de 11 X 6 m^2, o qual simboliza, em primeiro plano, os fundadores da cidade, Bento de Abreu Sampaio Vidal e o ilustre Pereirinha. O esboço do painel registra o profundo estudo da memória histórica da cidade, pois retrata a rica aparência do município.

A partir disso, iniciou-se a discussão para decorar o espaço disponível no saguão do Teatro Municipal. A ideia surpreendeu os vereadores e empolgou os integrantes dos registros históricos, que, ao visualizar o portfólio de Budweg, constataram suas conquistas e seus prêmios, muitos deles, internacionais. O talento e o profissionalismo do artista encheram os olhos da secretária de cultura, mas a contratação não era feita por ela.

Na época do Renascimento, os artistas dependiam exclusivamente dos Papas, dos príncipes e dos imperadores; hoje, a decisão sobre o painel estava nas mãos do prefeito municipal. O progresso da cultura da cidade dependia da "boa vontade" do chefe do Executivo. Quando um prefeito assume, já é possível perceber suas intenções, principalmente, quando ele forma sua equipe de governo. Caso a cultura não seja prioridade, todos os segmentos da sociedade são afetados. Até o clima parece reagir à falta de cultura de um prefeito.

Se o representante do povo ignora o poder transformador da arte, o vento sopra mais forte no inverno, o calor é mais intenso no verão, a beleza das árvores e das flores não aparece na primavera e as chuvas de outono perdem o sentido.

As expressões e as linguagens artísticas influenciam o imaginário da população. Benjamim sabe bem para onde vai o esboço de gênios, como Budweg, quando o governante é avesso à cultura artística. A cidade pode perder a oportunidade de ver registrado, no saguão do teatro, a harmonia de cores e os contrates de luz e sombra, elaborados pelo artista.

Benjamim, em uma das reuniões sobre o painel, alertou que as mensagens nele contidas registram certos episódios riquíssimos, as imagens retratavam os valentes fundadores do município, cujos esforços seriam reconhecidos, através da obra, pela população. O estudo para desenvolver o painel era tão profundo, que, depois de pronto, inspirou Benjamim. Ele sugeriu que os dizeres Marília, símbolo de amor e liberdade, fosse incorporado à palavra cultura, prática aplicada nas poesias do escritor. *"Marília símbolo de cultura amor e liberdade"*.

Cidade da poesia

Marilia, símbolo de amor, cultura e liberdade.
Bela seringueira ao lado da prefeitura, minha cidade.
Escadaria, vitrais, majestosa igreja de a glória olhar do senhor.
Cidade capital do alimento que alimenta com amor.

Museu de paleontologia, milhões de anos guardados no que escava.
Lá dentro os visitantes e o grande William Nava.
Biblioteca municipal, livros, poemas, histórias,
Clube de cinema, quantos atores da memória.

Sampaio Vidal, a bela avenida do vai e vem.
Centro da cidade ainda tem a linha do trem.
Vou buscar no violão, escreveu o cantor.
Paixão total as avenidas do outro compositor.

Marília, nome da moça das ondas e paixão.
Ouvir minha poesia no rádio, quanta emoção.
Contar a história do palco do teatro reconstruído
Com poesias dos livros nas livrarias vendidos

Dinossauro Maríliashuts das rochas vales e Itambé.
Campos universitários juventude de fé.
Há! Pereirinha e Bento de Abreu,
Essa cidade é como a poesia que Deus me deu...

Ao escrever sobre a obra do renomado artista, Benjamim se tornou um crítico historiador, a partir dos experimentos dos movimentos culturais da livraria. Os poetas, os escritores e os artistas em geral sempre apoiaram o esforço de transformar, a partir da livraria, a rua mais popular em um centro cultural. E a vernissage seria mais uma ação para construir esse cenário. Como sempre, a equipe da livraria preparou para a população, como se fosse um acontecimento do século, a vernissage.

A primeira providência foi acompanhar Heinz Budweg nas entrevistas às emissoras de TV da cidade e fazer com que seu trabalho fosse estampado nos cadernos dos dois jornais de maior circulação. A agência de publicidade caprichou na foto de capa da Revista Milani Store. A dedicação dos responsáveis pelo evento contagiou o artista, que também fez sua parte. Ele convidou o Cônsul da Alemanha para a exposição, contratou o mais famoso quarteto de cordas da região e escolheu os melhores vinhos da adega da livraria. Além disso, orientou o sommelier a preparar quiches que harmonizassem com os vinhos.

O vernissage foi um sucesso! O discurso do artista empolgou o público e a presença do Cônsul sustentou a importância da arte. Apesar do maciço comparecimento do público, composto, em sua maioria, por curiosos, as vendas foram razoáveis, bem distante dos objetivos. Porém, entre os visitantes, havia os apreciadores da cultura, que aproveitaram para fotografar parentes e amigos ao lado do artista e suas obras. Mesmo assim, muitos perderam a grande oportunidade de adquirir as artes do famoso pintor alemão. O prefeito não apareceu!

Após a vernissage, as obras permaneceram em exposição por

30 dias, nos pontos estratégicos da livraria. As maiores ficavam em volta da gôndola dos protagonistas. Depois de alguns dias, Budweg e sua esposa chegaram à livraria sem o mesmo brilho no olhar do primeiro encontro, pois sentiram na pele a falta de atenção dos visitantes que passaram pela vernissage. Mais uma vez, a arte, como nos tempos dos grandes artistas do Renascimento, não foi reconhecida pelas autoridades. Benjamim marcou uma reunião com os responsáveis pelos registros históricos do município e que a apresentação seria no auditório da Câmara Municipal, com a presença de vereadores e de autoridades. A recepção foi modesta e o cafezinho não foi suficiente para esperar a chegada do primeiro escalão do poder público. Não apareceu uma alma sequer. Após a longa espera, a mesa foi composta por apenas um vereador e por integrantes dos registros históricos. José Expedito, vereador e presidente dos registros históricos, comandou a sessão. Justificou a ausência do prefeito e dos demais políticos, mas não convenceu os convidados, muito menos o artista e sua esposa.

Mesmo assim, a apresentação do esboço encantou a todos. Não era pra menos: Budweg pensou em tudo, estudou os 80 anos da cidade e fez, do painel, o retrato da história política, artística, comercial e industrial do município. Empolgados, os visitantes prometeram convencer os políticos a importância do modesto investimento, essa conquista seria o marco histórico para o artista e um presente para a sociedade. Benjamim preferiu não fazer parte da mesa. Ficou no fundo da sala, observando o comportamento dos interessados. Preferiu não fotografar o evento, pois, com sua experiência, sabia que estaria registrando o fracasso de mais uma tentativa cultural para a cidade.

Esboço com as celebridades da história da fundação da cidade que não foi concluída.

Fonte: arquivo do autor.

O artista saiu da apresentação segurando a ponta do tubo que protegia o esboço do projeto. Na outra estava Benjamim, ao lado, dona Edna, que lamentava a falta de atenção do prefeito. Dessa vez, Benjamim não os levou à livraria, preferiu ir a um café do feirante, que ficava há dois quarteirões da livraria. À tarde de outono estava quente, propícia para tomar café gelado com bolo de cenoura, especialidade da casa. O encanto do lugar não foi suficiente para empolgar a continuidade do projeto, pois, no fundo, ambos sabiam que as autoridades não eram a favor da arte.

A única lembrança que Benjamim recorda é de uma conversa de bar, entre músicos e artistas plásticos onde um dos frequentadores afirmou que foi amigo do ex-prefeito Pedro Sola, revelou ser um homem sensível aos trabalhos artísticos, prestigiou alguns artistas plásticos, dava importância às expressões artísticas e valorizava todas as formas de expressão dos talentos da cidade. Restavam apenas algumas semanas para o encerramento da exposição contratada pelo artista. Benjamim prometeu dar sua última cartada, ou seja, utilizar sua influência com os secretários municipais.

O chefe de gabinete tinha certo gosto pela arte e sonhava com mudanças na cultura da cidade, porém sua dedicação solitária não era suficiente. Ele se dispôs a abrir as portas das secretarias — a de cultura já estava inteirada do projeto. No início do processo, Benjamim pediu para protocolar um documento garantindo os direitos do artista. O primeiro passo seria identificar onde o projeto estava parado; com a ajuda do chefe de gabinete, localizou tal informação, que estava em um bilhete do secretário administrativo, no meio da pilha de documentos da mesa do de planejamento: "Indeferido por falta de verba".

Heinz Budweg morador, da cidade de São Roque SP, guardou consigo o esboço, a pesquisa, a simulação, os traços, a inspiração e a transpiração do que seria o registro de uma das mais lindas trajetórias dos fundadores da cidade de Marilia, além de paisagens e de histórias vividas pelo povo humilde da cidade, que hoje guarda o título de capital do alimento. O local onde estaria a obra de Budweg foi preenchido com imagens abstratas. O sonho dos integrantes dos registros históricos foi por água abaixo.

Em sua despedida, Budweg surpreendeu Benjamim com um

presente, o quadro 50x50cm óleo sobre tela com a imagem da capela da Fazenda do Estado, que registrava um passeio numa manhã de primavera, o escritor, o artista, e esposa dona Edna. Ano 2015.

Eternas pinceladas de um iluminado — homenagem ao artista plástico Braz Alécio (em memória)
Mário Milani

Brasileiro e filho de Marília, o gênio Braz Alécio, nascido em 1929, foi um dos artistas plásticos mais relevantes na história da cidade, onde era muito querido. Em seu ateliê, estava sempre rodeado de amigos, de clientes, de admiradores e de uma legião de alunos. Suas memórias ficaram registradas em fortes pinceladas! Suas obras, que mesclam os comportamentos artísticos, comerciais e profissionais da sociedade, sempre serão lembradas pela beleza e pela sensibilidade. O artista viveu seus últimos anos no silêncio do lar, rodeado por suas obras. Posso destacar as que retratavam Olinda, sua amada esposa, em várias fases da vida.

Ele expunha esses quadros na sala, para que todos notassem o amor que nutria por sua companheira, que sempre admirou o talento do marido.

Braz Alécio, apesar de premiado em diversas exposições importantes, não encontrou prefeitos que o apoiassem. A sucessão de governantes na cidade de Marília, em sua grande maioria, sem visão cultural, deixou a população órfã, sob o ponto de vista artístico, por décadas. Os políticos deviam respeitar a arte, dar a merecida atenção! Os artistas, seres iluminados, tendem a acreditar e a incentivar as outras pessoas, pois cumprem o que falam, enquanto a prática dos políticos consiste em não cumprir suas promessas.

Certa vez, em uma conversa de bar, o músico um dos frequentadores afirmou, a Benjamim e a seus amigos, conhecer o ex-prefeito de Marília, Pedro Sola.

Disse ainda que o político era um homem sensível aos trabalhos artísticos, já que prestigiou alguns artistas plásticos, dava importância às expressões artísticas e valorizava os talentos da cidade.

Retrato de Olinda, esposa do artista Braz Alécio; ao lado direito, uma modelo posa para o artista. Obras expostas na residência de Olinda, sua fiel e adorada esposa.

Fonte: arquivo do autor.

Apesar da exceção citada acima, Olinda sempre criticou o desprezo dos governantes durante a trajetória do mestre da pintura moderna na cidade. Posso falar isso com propriedade, já que, por diversas vezes, tive o prazer de tomar café da tarde com o amigo Braz e sua esposa. Na safra do caqui Olinda escolhe a fruta mais bonita carinhosamente dizia leva para comer mais tarde.

Na despedida, ele sempre me presenteava com uma de suas poesias autorais preferidas, a qual era capaz de declamar mesmo no curto período em que conviveu com Alzheimer.

O lindo poema, inspirado em uma procissão, foi escrito em 15 de março de 2000.

A Crucificação

Braz Alécio
Procissão do Senhor morto
Quem disse que ele morreu
Se quando desceu da cruz
Foi que em verdade viveu

Falasse Nossa Senhora
A todos que vão rezando
E a Santa diria a todos
Por voz é que estou chorando

Vendo o teu corpo deitado
Sobre rendados e palmas
Peço a Deus que te levante
Bem dentro de nossas almas

Senhor que passas dormindo
Sobre esse esquife de luz
Dá que me envolva este sono
Ao descer da minha cruz

Neste século de trevas
Que gera tantas procelas
Quem dera que nestas almas
Vivesse a luz dessas velas

Procissão que vai passando
Caiada, devagarinho
Põe os pés dos caminhantes
No verdadeiro caminho.

Inspiração do autor: Sexta-feira Santa vendo a procissão passar.

Reflexão

Benjamim se tornou uma grife com vários itens: Vinhos,Tsuru da fortuna, Livro de crônicas motivacionais, Livro Como ficar rico, CDs, camisetas com estampa de Benjamim, Cantor, Poeta, Empresário, facas padronizadas com a grife de Peão de Rodeio.
Compre pelo site: www.mariomilani.com.br

Quer ser o protagonista da sua vida...
Se você quer abrir um negócio comercial ou industrial, não abra antes de estudar esse livro!
Se você quer ser um palestrante, então leia esse livro!

Pretende ser um escritor? Não deixe de ler esse livro!
Se você é um artista, independente do gênero, é importante ter esse livro!
Quer ser um poeta? Esse livro vai te ajudar!
Quer ser um político bem-sucedido? Leia este livro.
Pretende ser sócio de algum clube de serviços como o Rotary, Lions ou Maçonaria?
Esse livro é um importante passaporte!

Quer viver a Fantástica Vida Empresarial? Compre este livro...
Se você precisa dar um presente a alguém querido, então dê este livro...

Quando a história nos toca, transformamo-nos em habitantes! As folhas do livro são as escadas, a capa, o vitral do palácio encantado da nossa vida...

O livro é como o soar dos sinos, o som de uma sinfonia milenar, as emoções de uma longa caminhada, passear no país dos sonhos, tudo isso sem sair do lugar, sentado na cadeira da varanda do tempo...
O autor.

A fantástica vida empresarial

Neste capítulo, Benjamim deixa explícito o que realmente enobrece a profissão de empresário. Suas metáforas levarão o leitor a meditar sobre suas ações na empresa. A bem-sucedida vida empresarial é notada quando os objetivos e a felicidade caminham juntinhos. O empresário precisa da iniciativa pessoal para agir por conta própria; com o decorrer do tempo, ganha experiência e coragem até se tornar livre para tomar decisões.

Em certa oportunidade, em meio a uma plateia de 300 pessoas, Benjamim falou sobre superação e sobre o hábito das pessoas — crian ças, jovens e idosos. Ele questionou o motivo pelo qual algumas pagam R$10 para cortar cabelo e outras, R$60. Enquanto o cidadão que corta pelo menor valor é obrigado a ouvir muitas lamentações e a conviver com o pessimismo dentro de um ambiente de trabalho com dificuldades. Já os empresários e empresárias que atuam na mesma atividade desfrutam o prazer de ganhar dinheiro e de viver intensamente os resultados da profissão; para tanto, mantêm sua equipe treinada, atendem aos clientes na hora marcada, possuem objetos esterilizados, toalhas lacradas e alvejadas, lavatório moldado com acento vibratório para massagear o corpo. Além disso, contam com produtos de marcas conceituadas, que conservam a beleza e a saúde do cabelo, com profissionais especializados em massagem capilar, com ambiente climatizado entre outros "mimos", como água, cafezinho e suco, servidos por profissionais gentis felizes e uniformizados. O marketing desenvolvido pelas marcas completa o cenário de prazer e de alegria habitado por clientes fidelizados. São esses os verdadeiros empreendedores, que se preocupam com a sociedade.

A plateia ficou em silêncio, pois Benjamim tocou na intimidade dos empresários e, principalmente, mexeu com a vaidade deles. Esse processo de reflexão normalmente passa despercebido no dia a dia das pessoas. Quando Benjamim disse que isso pode estar acontecendo nas empresas do público, o silêncio foi ainda maior, pois ele tocou na capacidade administrativa de cada participante. Enquanto o cabelereiro que cobra R$10,00 pelo corte fica lamentando sobre tudo, seu concorrente está investindo em aperfeiçoamento.

Enquanto no primeiro caso a pessoa é chamada de freguesa, o concorrente a chama de cliente; enquanto um lamenta e critica, o outro reside no conforto de um condomínio e desfila de carro importado. O exercício mental negativo, quando persiste, se transforma em fracasso; o fracasso atrai mais fracasso ainda.

Da época de Jesus Cristo, que morava na Galileia, até os dias de hoje, poucas coisas mudaram! De novo, a plateia foi surpreendida. Falou-se tanto em mudanças, em transformações, que Benjamim teve de oferecer uma explicação convincente! Para tanto, aumentou o tom de voz, agora mais sustentável e seguro, pois seu desafio constitui dialogar com muitas pessoas que vivem o drama do fracasso e que se encontram no mesmo ambiente que empresários bem-sucedidos. Nesse cenário, metáforas precisam ser explicadas de maneira objetiva. E Benjamim explica! Os judeus e os gregos costumavam usar túnicas, lenços, sandálias e cintos, necessários para embelezar e proteger o corpo, o rosto e o pescoço. No mundo contemporâneo, as pessoas continuam usando roupa, não existe nenhum projeto de liberalismo para as andarmos pelados! Não há a mínima possibilidade de dissolução dos costumes, pois os trajes reforçam a necessidade cada vez mais latente da evolução industrial no mercado da moda. Os tecidos continuam protegendo o corpo e enaltecendo a vaidade humana. Anteriormente, apenas os privilegiados, como imperadores, príncipes, governantes e pessoas bem- sucedidas, desfrutavam desses aspectos, hoje disponíveis à grande maioria das pessoas que querem ter sucesso na vida.

Enquanto o livro tem o poder de orientar em silêncio a pessoa que o lê, a palestra é apresentada a centenas de pessoas ao mesmo tempo e seu objetivo consiste em passar impressão e expectativas positivas aos cidadãos, que precisam sair com a impressão de que achavam o que procuravam e, assim, aplicar os ensinamentos em suas empresas.

A vida empresarial se torna fantástica quando o empresário supera seus concorrentes. Consegue êxito o empresário que pegar a maior fatia da quantia liquida que sobra de cada pessoa, depois de o cidadão pagar todos os compromissos básicos no lar, como: escolas dos filhos, contas de luz e de água, lazer. Na segunda etapa, vêm as obrigações com o governo, os compromissos com impostos de todas as naturezas. Há os que costumam poupar, cautelosos, preocupados com o futuro. Só depois de todos os compromissos quitados, sejam elas físicas, sejam jurídicas, chega a vez do empresário! Mas qual é o segredo para conquistar a maior parte dessa pequena quantia líquida de cada ser humano? Benjamim costuma citar oexemplo de um artista conhecido no mundo todo e que soube deixar seu legado de sucesso: Charles Chaplin. Oriundo do autoconhecimento, o artista descobriu que sua fatia de faturamento constituía no sorriso do outro, por isso Charles Chaplin será exemplo por toda vida, pois obteve sucesso em tudo o que fez a mais de 100 anos atrás! Pouca coisa mudou depois de um século .

Essa disputa de milhares de empresários constitui o grande desafio para tornar fantástico o mundo dos negócios. Na região de Benjamim, existem vários empresários de sucesso que sabem como lucrar a partir dessa pequenasobra das pessoas. O primeiro e grande segredo consiste em fixar sua marca ao nome do empresário, como Chaplin: seu rosto é seu negócio, seu corpo é sua empresa e por aí vai.

Mário Milani escrevendo o Livro Como ficar rico

Foto: Adailton Ragazoni

Benjamim, dentro de seu processo de pesquisa para escrever este livro, passou a estudar o comportamento de alguns empresários de sucesso. Em muitos casos, o produto ou a fama do negócio da empresa agrega ao sobrenome do proprietário. Um empresário bem-sucedido da região se destaca perante seus concorrentes, é dono de uma rede de revenda de pneus, atende com várias lojas na sua cidade e mantém filiais nas cidades vizinhas. Qual é o seu segredo? Soube enxergar o que seus correntes não puderam ver, pois investe na força e no poder das mídias (escrita, televisiva e digital). Seu nome se destaca nesses meios de comunicação e envolve, com extrema eficácia, sua atividade de forma agradável e suave, o que o faz alcançar os resultados desejados. Ele simplesmente soube atribuir, ao produto que vende, o seu sobrenome. Acabou conhecido nos quatro cantos da cidade como Odair Pneus. Outro nome conhecido nacionalmente é Marcio Mesquita Serva, dono da Unimar, conceituada universidade em Marília.

Aos poucos, as pessoas de sucesso constroem seus nomes e viram destaques, pois sabem, como ninguém, os segredos do sucesso. São pessoas iluminadas que ensinam a viver, por meio da inteligência, da coragem e do talento, e colocam seus desejos e interesses para proporcionar uma vida melhor para todos. No caso da Unimar, o nome da instituição de ensino e o nome do Reitor caminham juntos, visto que ele é chamado, com respeito e admiração, como Márcio da Unimar.

Um exemplo recente consiste no dono da moderna e avançada loja de departamentos, Havan. Além de ficar famoso através das poderosas mídias sociais e dos maiores canais de TV aberta, virou representante da classe empresarial de sucesso, mostrou seu lado corajoso, deu a cara para bater, saiu na frente quando vestiu a camisa do Presidente da República sem medo de errar, mostrou sua loja e seu rosto para os brasileiros de forma objetiva, verdadeira e eficaz. Em suma, fez o que muitos empresários têm medo de fazer: gritar para o mundo que chegou, com muita fé, estado de espírito, planos e propósito. Seus objetivos foram alcançados com força física e determinação financeira, pois soube como ninguém usar o poder da mídia e se tornou conhecido do dia para noite. Milhões de brasileiros não vestiram apenas a camisa de Luciano Hang, foram além, tatuaram a camisa do empresário da estátua da liberdade brasileira.

Na Capital Paulista, encontra-se a central de atendimento de uma das mais conceituadas plataformas de internet do Brasil, de propriedade de um jovem que aprendeu, na fábrica de seu pai, o segredo do sucesso. À época com 17 anos, William Marques estudante de administração de empresas, tinha que vender bonés para pagar os estudos; nem de longe imaginava o que seria de seu futuro! O nome da empresa de seu pai era simbólico: Bonés Podium. A partir do conhecimento obtido com a comercialização dos acessórios, o jovem descobriu a galinha dos ovos de ouro, o mar de possibilidades, a cachoeira dos sonhos. Em 2003, criou seu próprio software de gerenciamento e encantou milhares de clientes com seu invento de e-commerce. A empresa Tray, na qual ele exercia o cargo de diretor fundador, em pouco tempo se tornou referência no mundo digital. A internet permitiu a venda de milhares de bonés e sua invenção originou uma plataforma própria e exclusiva.

O jovem estava vivendo no ambiente de sorte, no qual descobriu seu talento. As coisas são assim: as chances estão muito próximas das pessoas, que precisam saber enxergá-las. Imediatamente sua ideia tomou conta do mercado, a expansão surpreendeu até os criadores das mais sofisticadas ferramentas do mercado de lojas virtuais. Para Benjamim, a ascensão dos vencedores no mundo dos negócios pode ser comparada à tradicional corrida de São Silvestre, pois milhares de pessoas participam da prova, porém, no decorrer do trajeto, se destacam os fortes, os treinados e os predestinados a vencer. Foi o caso de William, que soube trabalhar para chegar ao "Podium". Nem de longe imaginou que os bonés do seu pai teriam um grande significado, alcançar o topo, soube como ninguém o significado dos bonés, chegou ao Podium do e-commerce. Sua plataforma rompeu todos os obstáculos e sua empresa firmou parceria com as mais avançadas âncoras do mercado digital, com isso, dominou o mercado brasileiro e a fama de qualidade abriu as portas para o mundo.

O projeto saiu de uma incubadora de um centro de inovação do interior paulista e, em parceria com a Univem (Universidade Eurípedes Soares da Rocha, de Marília-SP), resultou em uma colaboração entre a iniciativa privada e órgãos governamentais. Tal contexto tornou o jovem William Marques um dos maiores investidores de plataforma de e-commerce do interior de São Paulo, a qual conta com centenas de colaboradores e gera milhares de empregos indiretos. A empresa está avaliada em um bilhão de reais. As pessoas citadas como exemplos, em suas trajetórias, mantiveram o foco no objetivo, pois sabiam onde desejavam chegar. São pessoas predestinadas a alcançar o sucesso, são mentes trabalhando constantemente com uma única meta: tornar a vida empresarial fantástica; para isso, precisam estar em harmonia com a população, já que têm a consciência que dependem dos outros para atingi-la. Características como personalidade, hábitos e conhecimento constituem diferenciais no mercado. O sucesso atrai a atenção das pessoas, quando aplicado em benefício de outros.

Quando expomos nossa opinião com fé, mostramo-nos receptivos, ou seja, nosso estado de espírito visa à compreensão. Dos negócios lá dos tempos da invenção dos carros, desde o século XVIII, época da invenção dos automóveis, até o momento, o mercado continua o mesmo. Quatro rodas e um estepe! Gente fabricando para outros comprarem. Atualmente, o mercado está aberto a todas as marcas do mundo, que produzem carros cada vez mais bonitos, mas, mesmo assim, eles continuam com quatro rodas e um estepe. Já o mercado de acessórios cresceu assustadoramente e hoje é possível ter praticamente o conforto do lar em um veículo. Produtos como as multimídias embutidas nos confortáveis painéis e modernos dispositivos que realizam ações com apenas um toque — como trocar de música, por exemplo, contribuem com tal cenário. As leis que garantem os direitos aos deficientes, como o de comprar carros com isenção de impostos, também colaboraram com o crescimento da indústria.

Mas, com tudo isso, aonde Benjamim quer chegar? Onde os empresários precisam chegar! O mercado sempre está aberto para ampliação, progresso e modernidade. Então, quem deseja obter êxito nesse ramo precisa voltar atenção a esses itens. Na área da beleza, por exemplo, na qual se vende de tudo, a imagem da cliente feliz reflete nos imensos espelhos espalhados pelos salões. Esse mercado está sempre em evolução! O protetor solar, por exemplo, substituiu os turbantes e os lenços. Hoje também há centenas de modelos de corte de cabelo e as cores do arco-íris estão nas cabeças das multidões que circulam pelas avenidas e ruas do mundo. Isso significa uma margem altíssima no faturamento dos famosos cabelereiros. A indústria da beleza proporcionou, ainda, o avanço das cirurgias plásticas, a expansão do número de academias de todas as modalidades etc. Benjamim foi objetivo quando indagou aos participantes da palestra: e a sua empresa? Existem muitas possibilidades do cabelereiro que está cobrando dez reais alcançar ou até ultrapassar o concorrente que cobra sessenta reais. Basta que vá em busca de conhecimento, que não queira fazer tudo sozinho e que deixe de reclamar. O conhecimento vem através dos livros. É comum os palestrantes indicarem obras de escritores internacionais e brasileiros. Benjamim costuma recomendar O Doutor e o Empresário, de Mário Milani, e A Arte da Guerra, de Sun Tzu.

Pedro Gelsi é o doutor de caneta no bolso Milani o empresário.

Foto: arquivo do autor.

Cada dia é diferente! Quem deseja crescer financeiramente tem que valorizar a natureza. Benjamim costuma dizer que é importante, ao sair para o trabalho, olhar para o céu, saudar o novo dia. Benjamim acredita, ainda, que os carros particulares dos empresários são como as roupas (que devem ser atuais e estar sempre limpas), pois constituem aspecto essencial no que diz respeito à imagem deles. Os carros continuam com quatro rodas e um estepe, Jesus não habita mais o nosso mundo, mais deixou o trajeto da caridade, da prosperidade, além de seu martírio exposto nas estações da via sacra. É o exemplo da força da fé e da luta para prosperar.

Quantos aos livros! Você já leu sobre o maior psicólogo do mundo? Jesus deixou suas metáforas prontinhas para o cidadão inteligente prosperar e seus discípulos seguidores escreveram tudo que o mestre ensinou. O empresário bruto, sistemático, pode até ganhar dinheiro, mas sua presença não será atrativa, as pessoas enxergam seu sorriso, mas sabem que o seu coração está cheio de veneno. Suas atitudes serão vistas como a de Pôncio Pilatos, que lavou as mãos na hora da decisão por egoísmo. Assim é a grande maioria dos empresários no mundo, pois ganham dinheiro, mas são dignos de pena.

Certo dia, falando para um pequeno grupo de microempreendedores a pedido do Sebrae, composto por estudantes da escola Fatec, Benjamim questionou sobre os atalhos para chegar à frente. A grande queixa desse tipo de empreendedor remete aos concorrentes e aos preços que praticam! Como resolver esse impasse? Para Benjamim, não existe uma receita pronta, por mais que assistamos palestrantes falando sobre como ficar rico, ninguém apontou até hoje essa fórmula mágica. O que existem de fato são maneiras de se destacar nesse mundo competitivo; a solução está mais próxima da pessoa do que ela imagina. "O segredo" para abrir um comércio está na ideia, na criatividade dos indivíduos. Por isso é tão importante sempre buscar conhecimento.

Benjamim, certa vez, perguntou a seu amigo Messias, que trabalha como vendedor nas Casas Bahia:

— Como você consegue cobrir sua cota todo mês em meio a tantas lojas vendendo os mesmos produtos?

Imediatamente ele abriu um largo sorriso e disse:

— É segredo, meu amigo!

Sem que ele imaginasse e percebesse, já tinha entregado a forma. Era o seu sorriso! O sorriso é meio caminho andado para se atingir metas, pois a dedicação e o amor ao trabalho é tudo o que os clientes precisam. Eles podem até ir a outra loja, mas o jeito de atender de determinado vendedor faz o cliente voltar. E o que Messias faz para o cliente voltar? Ele explica as diferenças da empresa na qual trabalha e porque a sua loja vende mais. Os produtos são os mesmos, a diferença é o tipo de atendimento.

Mas nem tudo é maravilha. Como em qualquer profissão, os empresários podem sim ser surpreendidos e deixar de viver a fantástica vida empresarial. Isso pode ocorrer devido a uma medida econômica governamental malsucedida ou até a catástrofes ambientais, a assaltos, a doenças, a descontroles familiares etc. É nesse cenário que a literatura, a superação e o autoconhecimento devem ser exercidos nas empresas, sempre vinculados ao eixo central da organização, pois tal fato pode atingir o próprio empresário, os diretores, os gerentes e os membros responsáveis diretamente pela administração. Isso deve ocorrer também ao setor produtivo.

Este livro mostra os dois lados da moeda: a confortável vida do empresário bem-sucedido e a daqueles que estão vivendo o período de crises. Quando tropeçamos nos negócios, enxergamos o fracasso. Se descobrirmos o segredo do conhecimento, levantamos mais fortes, o entusiasmo nasce da fé e a fé produz ação. A partir do momento que controlamos nossos pensamentos, aparecerão as ferramentas para administrar pequenas quantias, projetar a empresa em longo prazo, sentir o desejo de vencer, de buscar o sucesso, de disciplinar as emoções e, principalmente, de negociar com razão, nunca com o coração. Para tanto, é preciso ter a consciência de prosperidade e do poder do pensamento, o que conduzirá a pessoa a prosperar novamente.

Foram dois fracassos que levaram Benjamim a tomar decisões drásticas; o primeiro, aos 14 anos, quando precisou deixar de estudar para morar no sítio depois que seu pai perdeu o emprego na cidade. O segundo, aos 45 anos, quando houve a invasão dos produtos chineses no mercado brasileiro, que deixou os concorrentes sem opção para competir, por isso foi obrigado a começar tudo de novo. Para manter-se como cidadão brasileiro, teve de vender imóveis, conquistados com muito esforço, lidar com injustiças do governo, um verdadeiro pesadelo.

Esse exemplo ilustra bem o fato de que as empresas em dificuldade, no Brasil, não recebem o apoio dos governos municipal, estadual, nem federal, pelo contrário, as esferas do poder tiram tudo que é possível, até coisas que não lhes pertencem, em nome de uma constituição obsoleta feita por políticos comprometidos com a ilegalidade, uma das muitas angústias dos empresários brasileiros. A salvação de Benjamim foram seus hábitos positivos, mesmo nos momentos de aflição e de mudanças profundas. Quando foi morar no sítio, a literatura deu-lhe a paz de espírito e a saúde necessárias para desenvolver ações de sucesso por onde passasse.

Benjamim, lá na adolescência, enxergou o sucesso através dos livros de Olavo Bilac, de Manoel Bandeira, de Machado de Assis, de

Nietzsche, de Dale Carnegie; as mais atuais, de Augusto Cury, de John Maxwell e de Lou Marinoff, Fabrício Carpinejar. Todos eles funcionam como manuais que orientam empresários a sair da zona de desconforto e de fracasso para voltarem muito mais fortes ao mundo dos negócios, além de servirem como norte para conhecer, de verdade, a fantástica vida empresarial, tendo consciência dos segredos que tornam a vida empresarial mais feliz.

Fabrício Carpinejar autografando livros com Mário Milani

Visita de Carpinejar a livraria

Os horizontes da literatura ensinaram a como eliminar as preocupações de Benjamin no campo comercial, como treinar sempre sua equipe profissional, a importância do descanso e do conhecimento, a necessidade dos exercícios físicos e, principalmente, o encontro consigo mesmo. Benjamim aprendeu a viver na "era da bijuteria", experiência que, a princípio, parecia dolorosa, porém serviu como lição importante.

Neste livro, o universo livreiro tem papel fundamental, especialmente, nos capítulos em que há o aforismo do grande empresário e do escritor Benjamim. Nesse contexto, a livraria do protagonista representa um lócus específico, sobre o qual ele narra histórias e cotidianos. Ao refletir sobre lugar tão diversificado, há muitas histórias a compartilhar, já que, quando uma pessoa resolve comprar um livro, ela busca sair de sua zona de conforto, desafiando-se a entrar em novos mundos.

A metáfora aqui aplicada, "viver em tempo de bijuteria", dentro da fantástica vida empresarial, serve para aqueles que perderam suas riquezas, seja por problemas administrativos, seja por questões externas, e precisaram adequar-se a uma vida mais simples, começando "do zero", quase, ou seja, uma fase de "bijuteria" em comparação à "fase das joias". O exemplo da gôndola dos protagonistas onde se encontram as celebridades da literatura representa o lugar no qual as pessoas podem encontrar o novo no velho. Certo dia, uma senhora, demonstrando timidez, disse, com muita tristeza, que havia vendido suas joias, devido à crise por que a empresa da família passava. Assim, teve de substituir as joias por bijuterias. Edileia, acostumada a vender livros, tinha sempre uma palavra de otimismo nesses casos: a beleza e o encanto das bijuterias são como os livros, um convite a recomeçar, a exercitar a humildade, a despertar a imaginação. Assim como os livros levavam a outros mundos, a vida a estaria dando uma chance para novos olhares sobre o que havia em sua volta. Dona Mafalda levou algumas peças e foi embora muito mais otimista. Passados alguns dias, um senhor procurou por Edileia, querendo comprar bijuteria, dizendo que a esposa havia elogiado muito o atendimento e as palavras, tanto que despertou a curiosidade daquele interlocutor, o qual quis conhecer o dono da loja, Benjamin.

O setor de bijuteria tinha dado certo, porque as belas peças haviam encantado os consumidores, já que a beleza traz alegria. Por isso, a fase de bijuteria de uma empresa requer criatividade para aumentar a margem de lucros, ou seja, muitas vezes devem bolar formas de ganhar mais com o mesmo produto; às vezes também se criam novos produtos, porém o objetivo é cortar custos e aumentar as margens de ganho. Não julgamos a pessoa pelas joias que usa, muitas vezes, usam um relógio como joia, assim como as empresas podem transformar os momentos de bijuteria em joias valiosas, é preciso, porém, observar as oportunidades e no longo prazo.

Quando há uma crise, a empresa precisa reinventar-se, criando novas formas de comunicar-se com seu público-alvo. O grande segredo é desenvolver a cultura do convencimento, por meio de argumentos fortes, que levem o consumidor a acreditar naquele produto, de uma forma nova. É como os exercícios físicos que fazem bem à saúde, o sucesso financeiro traz prosperidade.

Você não enganará o cliente, sim venderá argumento tão poderoso como o ouro. Quando falamos em sensação, quer dizer que estará convencendo seu cliente a ter a sensação de poder, de brilho, de beleza, principalmente, de segurança. Em momento algum, você vendeu ouro para a pessoa, sim bijuteria, com seu empolgante poder de persuasão. Tal comportamento significa cumprir metas, alcançar seu objetivo, que é convencer outra pessoa, em época de crise, que soluções existem e que o grande segredo é aprender a lidar com pequenas quantias, estabelecer planos. Em época de crise, é importante ouvir a opinião de profissionais, assim como quando Benjamim perdeu a batalha para os produtos chineses, o seu advogado teve um papel importante no restabelecimento da empresa.

O momento de crise é um convite para um tempo precioso de conhecer seu potencial, sua intimidade, como aproveitar o seu silêncio, ouvir seu coração, testar sua capacidade de superação, aproveitar as coisas guardadas.

Como no exemplo do relógio, que pode ficar guardado um tempo, mas, ao colocar uma pilha nova, ele volta a funcionar, ou seja, há novas soluções em artigos antigos. Você pode usar o relógio como ouro e ficar nas alturas. Como estar preparado para essas alturas? Livros são o caminho do sucesso, podem ser caminhos para apegar-se à fé, para enxergar a importância do outro para crescer, para entender, para perdoar.

Quando Charles Chaplin disse que precisava do sorriso do outro para ser feliz procurava o ouro no que as pessoas têm de mais precioso, o sorriso. E para conseguir o que procurava, ele precisou trabalhar estudar, criar e soube como ninguém extrair, da sua época de bijuteria, fortunas, deu para as pessoas alegria e com isso fez o sorriso das pessoas brilhar como o ouro, Manoel Bandeira escreveu: "A sequência de erros imortalizou o artista Charles Chaplin". Quando vivemos momentos de crise, usualmente, procuramos os ensinamentos que cada situação impõe e não tem outro caminho, já que devemos aprender com erros. No caso das empresas, o raciocínio é o mesmo para continuar com os negócios. Se desistirmos, a crise nos leva ladeira abaixo, por isso, precisamos nos renovar e olhar as coisas por novas perspectivas. Sabe qual a diferença entre Deus e o cliente? "Deus perdoa" Chaplin ainda faz as pessoas rirem de alegria; o empresário precisa fazer o cliente chorar de satisfação.

A história é escrita por vencedores
George Orwell.

Quando li esta frase de G. Orwell entendi por que os vencedores têm a coragem de falar sobre seus fracassos. A população gosta de saber dos fracassos muito mais do que das vitórias. No começo deste capítulo falamos dos empresários corajosos, pé no chão e exemplo de sucesso.

— Ouvi de minha gerente de compras pelo interfone que o Gustavo representante de joias estava com um mostruário de bijuterias muito bonito.

— Como! Gustavo vendendo bijuteria? — questionou Benjamim.

— Posso pedir para ele subir?

— Opa, quero saber dessa história.

— Que história é essa meu caro? O maior vendedor de joias do mundo vendendo bijuterias?

— É, caro amigo! São as voltas que o mundo dá; quando menos se espera somos surpreendidos por gente do mal; sofremos um assalto daqueles que só vemos no cinema.

— Com todo aquele aparato de segurança, como foi possível?

—Dizem que as quadrilhas são organizadas, agora, sabemos que realmente são pensadores capazes de surpreender até os famosos arquitetos, até o serviço de inteligência. Estamos no quinto andar da galeria, você conhece bem nossas instalações com toda segurança física, alarmes e câmeras de primeiro mundo.

— Se conseguiram roubar aquela fortaleza, nós estamos de portas abertas aqui no interior! frisou — Benjamim.

— Para esses tipos de bandidos, não há lugares seguros! Quem poderia maginar que descobririam que o fundo dos elevadores faz fu do com a parede do cofre? Renderam os vigias do Shopping na madrugada de sábado e bastaram duas horas para levar uma fortuna em joias, o suficiente para deixar toda a organização em apuros financeiros. Fizeram um trabalho de mestre: travaram o elevador no quinto andar com as câmeras cobertas, tiraram o fundo do elevador, quebraram a parede com facilidade e o próprio elevador serviu de transporte. Quem imaginaria que alguém planejaria uma aventura dessas. As câmeras não registraram um só movimento dos bandidos, apesar de estarem por todo o andar, mesmo a tecnologia cheia de segredos, o laser de primeira geração na entrada, todos esses aparatos não foram suficientes. E por quê? Os assaltantes usaram o fundo do elevador, que deu acesso ao interior dos cofres em local onde não havia câmeras de vigilância, para não atrapalhar a intimidade dos clientes do cofre. Nem sinal dos bandidos até hoje.

E continuou:

— Agora, estamos vivendo uma profunda crise na empresa, já que o valor do seguro serviu apenas para o acerto com funcionários e houve demissão em massa. Ficaram apenas alguns representantes e um pequeno grupo na administração. Além disso, para piorar, vivemos momentos de crise econômica no país.

Depois da conversa, Gustavo saiu abalado da loja, com um pedido modesto, feito mais para justificar sua visita.

Naquele mesmo dia, inspirado pela conversa intensa, Benjamim marcou uma reunião para discutir a profunda crise pela qual o país vivia naquele momento.

A pessoa que não tem o domínio do presente, não pode sonhar em controlar o futuro.
Pierre Bourdieu.

Benjamim contou, com detalhes, a reunião com Gustavo. O assalto à relojoaria, o "cantar do galo de ouro", do qual o representante acabara de sair, serviu para abrir seus olhos. De um fato trágico, enxergamos a realidade do mercado, a qual, no fundo, significa que, hoje, tudo é descartável, o ouro não se ostenta mais, como nas relações, cada vez menos profundas.

Luís Bernardoni entrevista Mário Milani em noite de lançamento

Fonte: arquivo do autor.

Como o homem influente que é, Benjamim constantemente é convidado para dar entrevistas em canais de televisão de diversos segmentos. Atualmente, como os canais por assinatura já são mais acessíveis, muitas pessoas de Marília os possuem, por isso boa parcela da população conhece Benjamin e seus comentários culturais e literários. Nesse sentido, do ponto de vista cultural, Benjamim faz parte de um elenco de pessoas influentes. Frequentemente, ele é convidado para participar de programas voltados à literatura, ao meio ambiente e ao marketing publicitário, especialmente. Desse modo, acaba atraindo mais público para a livraria, principalmente, jovens estudantes e crianças nas companhias dos pais, em busca de novidades.

Como em outros setores da comunicação e da cultura, a livraria de Benjamim é um projeto de reflexão sobre os livros, sobre os instrumentos musicais, bem como atividades culturais. Dessa forma, Benjamin acaba agregando muito valor ao unir leitores interessados a artistas que se apresentam no local, o que o torna uma atmosfera cultural enriquecedora. Apesar do sucesso nos negócios, Benjamin aprendeu a alimentar a humildade, por isso, adora contar uma história engraçada, também compartilhada pelo amigo, o cantor e apresentador, Laerte Marques.

Em conversa entre Laerte e Eraldo, um bem-sucedido luthier e comerciante de instrumentos musicais da cidade, o cantor falou que precisava entrevistar uma pessoa influente na cultura da cidade. Eraldo, rapidamente, indicou Benjamin no momento quando acabara de lançar seu livro com foco socioambiental e na reforma agrária. Após o contato com a secretária do livreiro e empresário, Laerte marcou a entrevista no programa que acabara de estrear no Canal 9 da rede local. Como Benjamim não dispensa oportunidades e atende ao pedido de muitas pessoas interessantes, aceitou na hora. O programa foi um sucesso em vários aspectos, mas bastante em razão da divulgação do Livro Fazenda do Estado, lançado naquele ano e premiado em São Paulo com certificado de reconhecimento nacional, oferecido por vários segmentos do governo federal entregue em Brasília.

Surpreso com a repercussão do programa, o apresentador foi agradecer a indicação feita pelo amigo Eraldo, o qual, em virtude do sucesso do programa, se tornou um patrocinador do cantor apresentador. No processo de observação, esse é um dos exemplos que mostra como o trabalho sério agrega valores.

Após repercussão positiva, Laerte decidiu ajudar Benjamin a publicar seu livro pela cidade, sem saber, porém, que ele não precisaria de auxílio, especialmente, nesse quesito, já que é proprietário de livraria e empresário bem-sucedido. Muito provavelmente, Laerte pensou que Benjamin era um estereótipo de escritor (fracassado), que anda com seu esboço debaixo dos braços, batendo de porta em porta para ser publicado, ou aqueles independentes em que insiste vender livros autorais para os amigos.

Depois de um tempo...Inverno suave de 2010: Manhã de sábado cinzento, sol acanhado, vento forte, um rapaz com boné preto, de pequena estatura, toma um chocolate quente no balcão para se esquentar, em companhia de Rogério o vendedor de instrumentos musicais.

Laerte é daqueles artistas aventureiros, que gosta de atravessar fronteiras, havia deixado a capital recentemente e escolheu Marília depois de uma pesquisa profunda sobre interior. Naquele bate papo, o cantor revela a Rogério que estava muito acanhado dentro da loja de Benjamim.

— Mas por quê? — Rogério perguntou surpreso. — Você é um artista e aqui é o reduto de vocês.

— Sabe o que é Rogério? Eu entrevistei Benjamim no meu programa de TV e espalhei para muita gente que ajudaria o escritor, pensei ser mais um sonhador em busca de fama... Nem de longe imaginei ser ele o dono desta imensidão de loja, eu devia ter pesquisado melhor sobre as atividades de meu entrevistado, pelo que estou vendo ele não precisa de ajuda, pelo contrário, olha o tamanho da loja! Claramente, é um homem abastado, por isso que estou chateado, julguei-o de forma errônea, como todo julgamento.

— Vou chamar Benjamim! — falou Rogério.

— Não faça isso, eu volto outro dia! — disfarçou Laerte. Sorrindo, Rogério enfatizou: — Benjamin vai adorar essa história!

— Benjamim, está aqui mais um cantor para abrilhantar as manhãs culturais de sábado — comentou Rogério, ao bater na porta do escritório do chefe.

— Que surpresa agradável! — disse Benjamim, recebendo, de braços abertos, o agora amigo, Laerte.

— Vim conhecer sua loja — disse empolgado Laerte.

— Rogério, ao sair para atender clientes, disse sorrindo: — conta para ele a história que acabou de me falar, Laerte!

— Ok. Benjamim, contei para uma serie de amigos que ajudaria

a divulgar o seu livro, mas, nem de longe, imaginei que você já possuía toda essa estrutura.
Eu devia ter sido mais cuidadoso e pesquisado mais sobre a sua vida, me desculpe, por favor — acanhado falou Laerte.

— Meu caro amigo, todos nós precisamos de amigos! Veja bem, o que seria do escritor Paulo Coelho se não fosse o seu amigo Raul Seixas? O que seria do escritor, se não houvesse a mídia, os jornais para divulgar sua obra? Todos nós dependemos do outro, em algum momento, sou eu quem deve agradecer o convite para a entrevista no seu programa. À medida que Benjamin foi se abrindo e falando, Laerte foi se soltando e revelando mais sobre si, sobre sua forma de pensar o mundo. É como na loja, a filosofia de trabalho consiste sempre em avançar, em harmonizar livros e instrumentos musicais, em inovar e distribuir sinergicamente produtos da melhor qualidade, seguindo o sofisticado método de atendimento.

O cantor Laerte Marques chega ao momento que esta em curso a construção de um estúdio de gravação, e o cantor possui uma vocação profissional completa: é compositor, arranjador, instrumentista e técnico de gravação. A loja está empenhada em contribuir para a propagação da educação musical com a participação dos maiores fabricantes de instrumentos musicais do país, essa cultura e através do estoque de livros da loja que ultrapassam a mais de cem mil títulos, com tudo, usando os meios ortodoxos e heterodoxos de atendimento ao público. Benjamim acredita na sua missão de empreendedor mercantil, o livro muda as pessoas, a música ilumina a vida das pessoas. Estudos da vida moderna tem declarado no seu histórico cultural que
o livro é um produto final, para o começo de qualquer atividade de sucesso.

O cantor Laerte Marques e Mário Milani em noite de lançamento

Foto: divulgação arquivo livraria.

O diálogo entre o produtor e o compositor resultou em uma esplêndida parceria produtiva no campo da música de estúdio. Benjamin, apesar de ser um distribuidor de instrumentos musicais, nunca havia feito qualquer tipo de ensaio em estúdios profissionais. Quando Laerte inaugurou o estúdio nas dependências da loja, convidou Benjamin para fazer o teste inicial dos trabalhos. A ligação entre os artistas foi fundamental. Naquele contexto do encontro dos dois amigos, Laerte vivia seu momento bijuteria, estava em busca de um espaço na cidade e, quando encontrou guarida na loja de Benjamin, percebeu que ali floresceria um ambiente rico e cheio de cultura.

Ao longo da experiência, muitas partes distintas se juntam, por isso, essa nova visão cultural literária e musical cria sentido e contribui em muito para o movimento da loja no tocante às gravações, ao público, mais diverso e, principalmente, no aumento de venda dos instrumentos musicais. Não demorou e Benjamim começou a interpretar suas próprias composições, sendo o pioneiro em lançar livros com CD anexo com músicas extraídas da história dos personagens.

Nas gravações, Laerte torna-se um verdadeiro ouro da comunicação entre os artistas profissionais, aqueles que são as celebridades da arte, músicos que colocam suas habilidades instrumentais nas gravações. Foi ali que Benjamim confirmou a "Fantástica vida empresarial e seus segredos".

Quando a vida deixar de sorrir pra você, as coisas fugirem ao controle, faça como Charles Chaplin: procure nas pessoas o que elas têm demais precioso, o sorriso.
Mário Milani.

O empresário bruto, grosso e sistemático é como o político corrupto: pode até ganhar dinheiro, mas sua presença não será atrativa, as pessoas enxergam seu sorriso, mas sabem que o seu coração está cheio de veneno.
Mário Milani.

Expedição Varpa

Você, leitor, que chegou até aqui, viveu intensamente as alegrias e as tristezas de uma imensa livraria. A partir de agora, viverá outra aventura cultural, desta vez, percorrendo ruas deliciosas ao amanhecer, ao escurecer e ao anoitecer, em um distrito de rara beleza rara.

Nossa marcha, coletânea dos textos revolucionários do poeta russo Vladimir Maiakovski, nascido em 7 de julho de 1893, desperta o interesse de Benjamim em conhecer o distrito de Varpa, situado a 23 quilômetros da cidade de Tupã, interior do estado de São Paulo. Em outra obra, os textos inusitados e extraordinários, como "O ramo da roseira brava que cravou espinhos na sua face", inspirado na neblina, a qual ele enxergava como algo mais brilhante que o céu, retratam Maiakovski, então aos sete anos, às rondas nas matas a cavalo com seu Pai. A gota d´água para Benjamim passar a se aprofundar nas obras do autor, foi o trecho:

Entardecer em frente à padaria Varpa, Mário Milani, Jafar e Samara

Foto: Adailton Ragazoni

As matas se cobrem de ouro e de purpura, o sol já refulge nos cimos de igreja.
Espero, e os dias se perdem nos meses, centenas de dias sem fim.

A literatura de Maiakovski levou Benjamim a passear pelo patrimônio, a comer salgados na padaria, a observar as construções típicas, a conhecer as cachoeiras, as margens do rio do peixe, a caverna, e a saber toda a tradição do povo da Letônia, através da apresentação eficaz de Lucia Zalit, diretora do Museu dos Pioneiros de Varpa.

Imigrantes letões, de almas sensíveis, desbravaram as matas existentes para construir suas casas e uma igreja para o enriquecimento espiritual. Nesse sentido, é possível realizar uma viagem de sonhos, da mais fina arte, deixada pelos pioneiros, que permanecem vivas em cada canto do local no interior paulista. O vilarejo revela sentimentos de diversas passagens dos costumes e da sabedoria do povo letão.

Aqueles que tiverem a oportunidade, têm de passar pela Expedição Varpa. Com certeza, de tempos em tempos, os visitantes voltam a ela, pois a energia adquirida através do pôr do sol, das cachoeiras e da sedução mística da expedição, constitui o começo da força extraordinária, independentemente do desejo de cada um. Em vista da obsessão da sociedade brasileira em busca de riquezas, o lugar tornou-se uma necessidade àqueles que buscam a paz sem muito esforço.

Museu dos Pioneiros de Varpa

Foto: Adailton Ragazoni

A mais alta preocupação dos empresários Junior e Larissa, fundadores da Expedição Varpa, consiste em garantir a sintonia para seus clientes junto à natureza. Nessa busca permanente, aparecem Jaffar e Samara — responsáveis pela cozinha — que, juntos, definiram a forma contemporânea sobre o conforto espiritual junto à natureza. Com eles, as pessoas ao seu redor tornam-se alegres e as comidas são saboreadas com prazer, visto que cada refeição completa a razão e a intensidade de uma vida plena e feliz. Muito do que se conhece do local provém da cultura letã. As ferramentas, a literatura, os trajes, as pinturas penduradas nas paredes e as fotos constituem registros do inventário do museu local, prato cheio para as tardes livres dos clientes da expedição. O objetivo é fornecer a paz para quem busca o sentido da vida. A explosão de criatividade dos membros responsáveis resultou em um nível máximo de excelência para a região. A participação de poetas, de escritores, de psicólogos, de artistas, de arquitetos, de ambientalistas, de dramaturgos e de filósofos estimulam o livre pensar. Os pacotes turísticos são místicos! O mais longo chega a uma semana, tempo suficiente para que os turistas retornem aos seus lares com a imagem que a vida tem que ser vivida e compensada com os poderes que a natureza coloca, todos os dias, à nossa disposição. A busca do ideal determina padrões como equilíbrio, proporção e harmonia junto à perfeição do lugar.

Os letões tinham rico conhecimento religioso, o qual pode ser notado através dos membros da expedição. 40% dos leitores que viveram intensamente as atividades da livraria têm a possibilidade de viver e fidelizar a Expedição Varpa. Os 30% que passaram pela livraria terão a oportunidade de estender o conhecimento e o prazer das maravilhas do lugar. Já os 30% que não tiveram a oportunidade de conhecer a livraria, não podem perder esse ramal cultural espiritual da Expedição Varpa, para não se arrepender para sempre, como aqueles que não passaram pela livraria. A história só é contada por quem viu, sentiu e viveu a intensidade contida nos lugares que reúnem pessoas com o sagrado propósito de ensinar que o fruto só será colhido no momento certo.

A Viagem

Após o café, os viajantes, enfileirados, caminharam até o ponto de partida, com o sol na altura das 10h. O caminhão de transporte até o destino da primeira parada é de carroceria aberta, equipado com cadeiras fixadas no assoalho. O estranho visual do modelo médio com vidros escuros de carroceria aberta assusta os visitantes. Essas pessoas foram identificadas e selecionadas no grupo único no momento da inscrição pela internet. Os panfletos virtuais deixam a grande maioria ansiosa para viver a intensidade do ambiente amoroso e saudável rumo à Pousada Graciosa.

O caminhão e a natureza, Viagem encantada no caminhão aberto

Foto: Adailton Ragazoni

A velocidade é de 10 km até a primeira parada na ponte do rio do peixe, trajeto que corresponde a 20 minutos. O silêncio toma conta e nada é monitorado, afinal, estão todos sozinhos, segurando firme na carroceria para não cair com os solavancos do pesado caminhão. Além disso, o motorista não tem contato com os visitantes e o chacoalho do veículo, mesmo na velocidade mínima, gera medo nas pessoas. Tal situação é idêntica a uma montanha russa, ou seja, o conforto não predomina, visto que, após a partida, cada um se segura como pode; não tem para onde correr. Os pneus são preparados para levantar poeira, provocando certo desconforto, principalmente para as mulheres. A poeira deixa seus cabelos avermelhados. Todo esse trajeto é filmado e gravado em áudio.

Ao chegar à primeira parada, na ponte sobre o Rio do Peixe, um rapaz alto, com músculos fortes (em razão da lida pesada com os barcos e com a manutenção das trilhas), estava à espera dos viajantes

— Meu nome é Teodoro, mas podem me chamar de Téo, sem h. Tenho a relação de todos e vou ler em voz alta para que entendam o motivo de estarem aqui. É importante lembrar o nome dos companheiros no local ao qual nos dirigiremos. Me corrijam se tiver algo errado com o nome ou profissão.

—, Doutor Antônio de Alencar. Profissão: médico anestesista.

—Presente!

—Benedito Tavares. Profissão: arquiteto.

— Ok.

— João de Albuquerque da Silva. Profissão: político.

— Ok.

— Luzia Junqueira Neves. Profissão: comerciante de roupas.

—Presente!

— Mário da Silva Quadros. Profissão: escritor.

— OK. Detalhe: meu nome está escrito com acento?

— Não

— Corrija, por favor. Obrigado!

— Oswaldo Nunes Oliveira. Profissão: representante comercial.

— Por gentileza, meu nome está escrito com W?

— Sim.

— Obrigado.

— Nilton de Jesus Almeida. Profissão: empresário do ramo imobiliário

— Presente!

— Sonia de Alencar Abreu. Profissão: professora e artista plástica.

—Presente!

— Vanda Cardoso de Mello. Profissão: cuidadora. Seu nome é com W?

— Não, é com V mesmo. Obrigada.

— Zelinda Borges da Silva. Profissão: assessora política.

— Posso escolher com quem vou ao barco?

— Não, são regras da expedição. Sua companhia será o seu leme.

Os Caiaques

Depois da lista dos presentes, Téo afirmou:

— A partir de agora, vou sair na frente como guia, sozinho, no meu caiaque. Cada um de vocês conduzirá um leme, o que será muito divertido! O segredo consiste na paciência, visto que são cinco quilômetros de rio abaixo. O trajeto é o suficiente para cada um mostrar autocontrole, nesse sentido, faz-se necessário aproveitá-lo ao máximo.

Para tanto, terão de conduzir o caiaque e, ao mesmo tempo, observar as belezas naturais do lugar. O objetivo maior desse passeio, mesmo com as dificuldades com o caiaque, é o de possibilitar a visualização das oportunidades à sua volta, pois elas se encontram onde menos esperamos. O destino de vocês não é diferente da água que corre para o mar, visto que a busca da felicidade e a vida constituem uma estrada só de ida, portanto aproveitem as belezas do criador. Vamos lá, coloquem os coletes e boa viagem. A união e o companheirismo também fazem parte da trajetória! Entendido?

Os primeiros quilômetros constituem verdadeira tragédia, já que os condutores estão perdidos e se atrapalham com os lemes. O início do trajeto consiste em uma verdadeira festa de gargalhadas e de algazarras no meio do rio. Passado algum tempo, descobre-se a delícia de comandar um caiaque nas belas margens, com frutinhas vermelhas, flores de brejo, traíras desfilando lentamente nas curvas escuras entre os galhos caídos dentro do rio, lambaris e tambiús disputando alimento na água cristalina, além de muitas espécies e variedades que a natureza coloca de forma inteiramente gratuita ao nosso dispor.

Passados o sufoco, o medo e o desespero do início, todos queriam mais!

Porém tal confiança só veio no trecho final do primeiro trajeto.

— Guardem tudo o que aconteceu e o que viram, pois vão precisar dar explicação nas próximas etapas a outras pessoas. Entendido?

— disse Téo.

E prosseguiu:

— Agora, vocês terão a oportunidade de se refrescar e de tirar a poeira dos cabelos nas deliciosas cortinas de água da cachoeira. É permitida a entrada com roupas, mas tirem os calçados, para sentir o frescor. Aproveitam ao máximo a cascata, pois, daqui pra frente, vamos caminhar sobre o leito do rio. Essa constitui uma aventura curta, então desfrutem da vegetação à beira rio. Como não é preciso saber nadar, aproveitem a energia da água cristalina, estarei por perto para qualquer emergência! Se soltem, afinal, estamos em um grupo de aliados no meio da mata!

Uma das cachoeiras de Varpa o som dos deuses

Foto: Adailton Ragazoni

Todos estavam muito atentos às palavras do guia, que continuou com as instruções: — A partir de agora, vocês matarão a sede apenas nas minas das pedras. Podem ficar tranquilos, trata-se de água potável, controlada pelo laboratório da Expedição Varpa, por isso, bebam-na à vontade, lavem seus rostos, molhem suas cabeças, já que tais ações fazem bem ao corpo e, principalmente, ao espírito.

Caminharemos tranquilamente pelas trilhas, não se preocupem com os insetos, fazem parte da natureza, desse modo, são inofensivos. Além disso, os macacos adoram acompanhar nossa caminhada! Mais adiante, Téo voltou a conversar com os viajantes:

—Chegamos à segunda parada!

Guardem bem este lugar, visto que retornarão outras vezes durante a semana. Bom, agora ficarão a sós por uma hora. Virão duas jovens para conduzir esse processo de sacrifícios, que vale a pena! Para compensá-los pelo esforço, o chef Jaffar preparará um banquete! Mas, antes, terão uma tarefa difícil!

— E se aparecer um animal selvagem? — disse, aparentemente com medo, dona Vanda!

— Pode ficar tranquila, é tudo monitorado por câmeras, ou seja, vocês não estão sozinhos. Não saiam deste espaço, curtam ao máximo as flores e os arbustos do imenso jardim. Caso sintam sede, podem beber a água do chafariz, é potável e tratada! — disse Téo. O guia, então, se despede da expedição e sai a galope num bonito alazão por uma das trilhas. Sônia, a artista plástica, comenta com Benedito, o engenheiro:

Barraca dos sonhos dos visitantes principalmente quando chove

Alegria de viver junto à natureza

— Se soubesse, traria meu kit de pintura, visto que são muitos pontos de fuga para ilustrar uma bela paisagem, inspiração é o que não falta nesse paraíso!

O engenheiro acrescenta:

— Se estivesse com meu celular, fotografaria tudo, pois preciso de elementos criativos! As pessoas querem se sentir próximas à natureza, mesmo no interior de suas casas.

De repente, surgem dois cachorros lindos, brancos, da raça border collie: Panda, o pai, e Hunter, o filho, o qual todos queriam abraçar. Tratavam-se de dois animais "preparados" para se enturmar com facilidade! Os festeiros cachorros normalmente chegam antes das monitoras.

A trilha

— Boa tarde, eu sou a Sabrina.

— E eu sou a Melissa.

— Já se aproximam das 13 horas, com certeza, estão com fome! Vamos caminhar por mais 30 minutos. Bebam muita água, pois o trajeto tem subidas e muitas barreiras até a próxima parada. É necessária muita determinação, afinal, estamos em uma empreitada em busca da felicidade. O sacrifício consiste em uma das dadivas da felicidade, ou seja, não há felicidade sem sacrifício! Lembrem-se: o rosto se torna feio quando ficamos zangados! Um rosto amargurado envenena o coração, e um coração cheio de veneno, jamais terá alegria. Precisamos saber usar o poder da respiração para a próxima tarefa. Eu, Sabrina, vou à frente e, no final da fila, estará a Melissa.

E prosseguiu:

— Aviso: no trajeto, não tem água, para tanto, aprendam a respirar com o nariz. Evitem respirar pela boca e conversem apenas o necessário. Vamos fazer alguns exercícios de superação e preparo para o desafio morro acima. Os obstáculos são muitos: aranhas imensas nas teias entre árvores, ramos espinhosos, barreiras de galhos, pedras lisas, barrancos úmidos etc.

Ao ouvir tais informações, o político, um dos turistas, quis desistir de seguir a trilha. Sabrina afirmou que bom político precisa enfrentar desafios, do contrário, não será bem votado! — Falta muito? Vou desmaiar — pergunta Zelinda.

Estamos chegando, mais cinco minutos! Respira fundo e repita: sou forte, sou capaz, vou chegar!

Morrendo de sede, os viajantes avistam a bica com água potável e cristalina correndo entre as pedras, o que significava o final da caminhada. Exaustos, os viajantes bebem compulsivamente e se deitam sobre a relva em volta da fonte.

— Despedimo-nos aqui! A próxima etapa será conduzida pelas irmãs Marcela e Ana Júlia. Obrigada pela companhia de todos na caminhada desafiadora, foram muito bem, estão preparados para a luta no dia a dia. Independentemente das profissões de cada um, precisamos ser fortes e predestinados a enfrentar os medos da doce e bela vida que Deus nos deu. Abraço a todos!

A paisagem, a natureza, a razão da vida, Pousada Graciosa da Expedição Varpa

Foto: Adailton Ragazoni

— Marcela, vamos almoçar desse jeito? Estamos imundos, suados, horríveis!

— Claro que não! Suas malas estão nos apartamentos da pousada, terão uma hora para se cuidar. Ana Júlia está com a lista e conduzirá cada um a seus aposentos.

Podem acompanhá-la.

— Olá, sejam bem-vindos! Me acompanham até a Pousada Graciosa. As damas ficarão juntas nos apartamentos duplos e cada um dos homens terá seu apartamento individual. Fiquem à vontade, daqui a uma hora, a Samara os levará até o banquete preparado pelo chef Jaffar.

Bem arrumados e com muita fome, os viajantes sentam-se nas confortáveis cadeiras almofadadas. A imensa mesa na varanda do espaço gourmet consistiu no placo de um verdadeiro almoço dos príncipes ao ar livre. Após a oração feita pela administradora Samara, aparecem os empresários Junior e Larissa. Em apenas dois minutos, relatam a importância da presença de todos e informam sobre os palestrantes que conversariam com os viajantes no dia seguinte. Felizes, os turistas recebem a notícia da tarde livre para conhecer as belezas do patrimônio e suas magias oriundas da Letônia. Foi uma caminhada pesada, mas que compensou, pois, após esses passeios, todos terão energia suficiente para enfrentar o dia a dia.

As noites dedicadas às palestras, aos passeios e ao conhecimento, encerraram a trajetória das 10 pessoas vindas de diferentes localidades do Brasil. Todos voltaram muito melhores do que quando chegaram. Antes, deixaram os depoimentos extraídos de cada momento vivido na expedição da Letônia. Os bilhetes escritos sobre as árvores foram arquivados no livro de ouro da pousada, disponível no portal da Expedição Varpa. Antônio de Alencar, médico anestesista, afirmou que os palestrantes o fizeram acordar para vida:

— Sou responsável por vidas todos os dias nos hospitais. Estou envergonhado com minha atuação como anestesista, aprendi que estou dando muito pouco ao meu semelhante. Tudo o que praticamos sem responsabilidades, germina em nossa mente, cresce e retorna com muita força. A droga estava tomando conta da minha mente, não estava sendo honesto e nem ético com meus amigos médicos. Além disso, colocava em risco toda a equipe. Saio daqui renovado, já que tenho nas mãos o poder de salvar vidas através da minha profissão, mas estava seguindo um caminho sem volta e, por muito pouco, não destruí a minha vida e a de outras pessoas usando o conhecimento como droga. Esse lugar me fez renascer como pessoa e profissional! A partir de agora, serei o profissional que meus pais sonharam e vou tentar salvar meu casamento. Não sou poeta, porém me arriscarei no jogral da árvore que escolhi.

Cabriúva linda, Cabriúva é tão bonita, que parece uma uva!
Antônio de Alencar.

Já Benedito Tavares, o arquiteto, afirmou:

— Bom, cheguei tarde à expedição. Tive a sorte de ser escolhido como secretário de planejamento pelo prefeito da cidade onde resido. Infelizmente, a imaturidade e o assédio do dinheiro fácil me levaram à exoneração. Minha oportunidade de progredir me levou a regredir, não enxerguei a tempo que as pessoas sem ética lhe oferecem falsas oportunidades de riquezas. Aprendi aqui, neste curto prazo de tempo, que nem tudo está perdido! Sou humano, posso tornar-me forte e lutar contra os erros cometidos. Tive a oportunidade de receber o maior cargo existente da minha profissão devido à minha dedicação sincera ao estudo, mas não soube fazer o mesmo como técnico político. Entendi, aqui, que ser uma pessoa útil ao mundo constitui o verdadeiro conhecimento e que a riqueza vem de Deus.

O sono dos sonhos na Expedição Varpa, Amanhecer com a alvorada dos pássaros

Foto: Adailton Ragazoni

E prosseguiu:

— Tive a oportunidade de ser generoso e não pude, perdi a chance de ser famoso, fui fraco, mas, agora, tenho a chance de ser vitorioso. As duas noites que dormi na barraca, apesar do conforto, me fizeram sentir o mal que fiz às pessoas carentes que me procuravam para ampliar sua casa e, por muitas vezes, recebiam, como resposta, que o processo seria dificultoso. Bom, no meu caso, a árvore escolhida simbolizará um exemplo, para que eu não cometa mais erros.

Não tenho a mínima ideia do seu nome, Pindaíba, só sei do seu significado.
Benedito Tavares.

João de Albuquerque da Silva, o político, afirmou:

— No meu caso, a permanência de uma semana na expedição veio tardiamente. Foram poucas as minhas oportunidades de fazer cursos, de frequentar palestras motivacionais e de ler. Sorte ou azar, fui eleito vice-prefeito de minha cidade com pouca diferença de votos. Longe das habilidades políticas, sou sistemático e muito exigente, visto que briguei com o prefeito no primeiro ano de mandato. Dizem que as pessoas honestas em política não são bem-sucedidas, espero ser compensado de outra forma até o final da minha participação no ramo. Aprendi, nessa minha primeira oportunidade de confinamento, o segredo do sucesso: ouvir mais e falar pouco. Na política, tudo tem que ser projetado e discutido, pois não chagaremos a lugar algum sozinhos. Saio convicto de que não basta ser honesto sem produtividade, ético sem criatividade e eficaz sem estudo. Se eu quiser continuar na carreira, preciso procurar um cientista político. Escolho a árvore símbolo da minha trajetória como inspiração ao poema.

Ipê roxo, de você, só tenho a grossura. Vejo, em ti, o tamanho da minha ignorância.
João de Albuquerque da Silva.

Luzia Junqueira Neves, comerciante de roupas, disse:

— A riqueza me deixou sem rumo. Passei a mão na cabeça do

meu único filho no momento que tinha que dar castigo. Fiquei cega e surda para as reclamações das minhas filhas. Compreendi, ainda, que o dinheiro fácil, também acaba rápido. Filhos de ricos acabam falindo os pais quando não seguem as virtudes rotineiras da família. Não demorou para meu filho, Rodrigo, se envolver com drogas. Isso ocorreu aos 17 anos. Depois, vieram as clínicas de recuperação, os psicólogos e os psiquiatras. Tudo isso levou nossa família à falência. Mergulhado na depressão, meu marido morreu de desgosto. Depois de cometer dois assaltos, Rodrigo pegou 10 anos de prisão em regime fechado. Fui obrigada a vender a casa onde morava e consegui me aposentar, porém minhas filhas que pagaram os custos deste lugar abençoado, através do qual consegui motivos para voltar a exercer minha profissão de comerciante. Reaprendi a ser e a agir como uma pessoa de valor, com novas oportunidades e mais fé em Deus. Minha árvore é de sofrimento, por isso, tem que ser dura, forte e vermelha.

Aroeira, símbolo da resistência da minha triste vida, me dê forças.
Luzia Junqueira Neves.

Mário, escritor, afirmou:

— Saio deste lazer e aprendizado fortalecido. Vendi livros, declamei poesias e cantei para os convidados ao escurecer na fogueira. Na hora do almoço, minhas poesias deixavam os alimentos mais saborosos. As palavras e as rimas constituíram alimentos para a alma. Quando chegamos à pousada, não tínhamos noção da grandeza dos valores naturais existentes no santuário cheio de pássaros, de árvores e de plantas.

Ouça no Youtube

Música do compositor Benjamim no CD Barretos 2019

Aqui sinto o silencio possível para compor...

Um lugar onde sentimos a presença de Deus, por isso, somos mais felizes aqui, o que aumenta a nossa fé nos estudos e nos negócios. Este local evidencia a certeza de que somos filhos de Deus. Aqui, conseguimos ser aquilo que almejamos, a autoestima vem à flor da pele. As crônicas motivacionais impulsionam o desejo de ser útil ao próximo e de executar as tarefas difíceis. A árvore da minha vida tem canção!

Meu pé de Cedro, lembranças do meu pai, das poesias e das canções que se vão.
Mário da Silva Quadros.

Oswaldo Nunes Oliveira, representante comercial, disse:
— O aprendizado desta semana, com certeza, suprirá o que deixei de vender, pois meus erros e vícios foram sanados com extrema eficácia. O abandonado hábito de leitura voltou com todo entusiasmo! As vibrações, a vontade, a alegria, a gratidão e o ânimo daqui extraídos unem quem busca o mesmo objetivo profissional: êxito nos negócios. Aprendemos, em uma semana, o poder da mente humana para atrair as coisas que sintonizam as vibrações necessárias ao sucesso nos negócios. Minha poesia homenageia a bela árvore que aqui abracei!

Canelão forte, árvore que dá sustentação para minhas metas e minha missão.
Oswaldo Nunes Oliveira.

Nilton de Jesus Almeida, empresário, reportou:

— Sou procurado pelos donos de imobiliárias para comprar imóveis de herdeiros desinformados, "conduzidos" por advogados sem ética. Compro a preço de banana, mas não tinha o prazer em viver intensamente, pois estava sendo egoísta. Como castigo, fiquei na solidão em meio a tanto dinheiro. Sempre me aborreci com apelidos e dizeres como "escorpião no bolso", "pão duro", avarento, mas, na Expedição Varpa, encontrei alívio. Deixarei de cobrar o querosene dos meus amigos quando os convido a viajar nos aviões da minha companhia. A partir de agora, comprarei, a preço justo, os imóveis de herdeiros, não passarei para trás corretores na hora dos acertos das comissões. Também não vou mais dividir as ART na compra de móveis para decorar a casa de clientes que construíram, com dificuldades, sua única casa. Esses dias aqui passados aprimoraram meu caráter e me fizeram redescobrir a força e os ensinamentos de Deus. Não quero mais ser o escravo do dinheiro, colocarei minha vida e a da minha família em ordem. Para o jogral, escolhi o Jatobá!

Jatobá, seus frutos vou comprar e, com certeza, vou doar.
Nilton de Jesus Almeida.

Sônia Alencar de Abreu, professora e artista plástica, afirmou:

— Grande oportunidade de aprimorar o cuidado com o corpo e a mente. Aprendi a usar a força do pensamento na hora de me alimentar e a agradecer as dádivas que Deus me possibilitou, como a convivência com pássaros. Tudo isso me inspirou, pois, quando deslizar os pincéis ao pintar meu próximo quadro, enxergarei a magia da fé em Jesus em cada brilho das cores das penas dos pássaros. Quando pinto um corpo, preciso tomar o máximo de cuidado. Sempre senti a necessidade de manter o meu perfeito. Quero voltar a esse lugar não como paciente, mas como artista, para registrar a beleza das pessoas que vivem para servir ao próximo, da natureza, dos animais e das paisagens. O encanto da árvore Chorão será o tema meu primeiro trabalho.

Um paraíso, aqui eu sinto a presença de Deus!
O Pé de Chorão à direita
Foto: Adailton Ragazoni

Seus ramos são como a cortina da fé, simbolizam a força do amor balançado com o vento. As imagens dos cachorros border collie sentados sobre as patas traseiras e olhando para nós com todo amor também me encantaram, assim como a dos gatos da Samara, Raji e Naji, pedindo carinho.

E prosseguiu:

— Encontrei, neste lugar, muitos pontos positivos. Aqui, fortaleci meu hábito de observar as regras da natureza, sua força e sua beleza. Seus benefícios tornaram mais alegres e felizes as pessoas que por aqui passaram e passarão. A árvore que me encantou é o pé de chorão!

Se eu pudesse, pintaria o som do vento que sopra a canção do Chorão.
Sônia Alencar de Abreu.

Vanda Cardoso de Mello, cuidadora, afirmou que:

— Me considero uma cuidadora pois me dedico ao cuidado do lar, pelo qual enxergo a doce e bela vida. Quando frito o bife da forma que meus patrões gostam, me sinto recompensada, assim como quando vou na padaria e a funcionária fala, com o sorriso no rosto, que o pão está do jeito que meus patrões gostam: bem corado e cheiroso. Estou aqui porque eles me deram essa chance, já que cuido tão bem das flores da minha patroa, que um dia ela encontrou na internet esse lugar e achou que eu merecia dele desfrutar. Ela me disse que as paisagens, as trilhas, o rio, os peixes e o passeio de barco fariam muito bem para minha alma.

E continuou:

— As recordações da minha vida rural vieram à tona de uma forma diferente, confortável, agradável e de muito prazer junto às pessoas. Foi a primeira vez que fiquei do outro lado, sendo servida por pessoas maravilhosas. Volto para casa com as certezas de que Deus me deu o prazer de servir pessoas de coração bom e de que, quando fazemos o que amamos, a recompensa é enorme! Estar aqui é como passar pelo céu. Eu gostei da árvore Marfim.

Marfim, ela é tudo de bom que Deus deu pra mim.
Vanda Cardoso de Mello.

Por fim, Zelinda Borges da Silva, assessora política, disse:

— Saio daqui com a certeza de que estou vivendo como os políticos. A grande maioria encontra-se distante daqueles que identificam o caminho do progresso. As raposas dissimuladas não abrem mão dos seus interesses e manipulam fatos para conseguir as coisas. Eles desenvolvem a arte da velha política com extrema autoridade, o que permite total domínio dos seus vícios e desejos. Já vi de tudo, sei de tudo e tudo tem que permanecer em segredo, não suporto mais tanta falsidade, tantos compromissos escusos, tantos arranjos nas barbas do judiciário, advogados sem ética se tornando celebridades, astros do mal. Celebram as falcatruas dos partidos com vinhos de três mil reais, prostibulas deitam e rolam nas madrugadas nas companhias dos políticos do mal. Enquanto esperamos quórum para votar uma medida importante para o país, eles estão, durante a tarde, com garotas de programa e pagando fortunas. A única coisa que tenho certeza dos políticos é a de que não estão nem aí com os pobres. Saio da expedição com outra certeza: vou abandonar a profissão. A árvore Peroba tem tudo a ver com minha profissão!

Peroba: Onde eu trabalho, o que mais tem são políticos caras de pau!

Zelinda Borges da Silva.

A Expedição de Varpa abre um novo horizonte para aqueles que buscam liderança para suas empresas, pois a ideia de juntar-se em grupo e estudar com os maiores profissionais em liderança, absorver as lindas poesias e canções e compreender os ensinamentos da expedição, constituem a força que resulta em sucesso nas empresas e nas famílias.

A arte musical, como a orquestra, consiste em uma linguagem universal. Estar na plateia é sempre uma experiência agradável, pois os espetáculos, assim como os livros, despertam emoções. Nesse contexto, Benjamim guardará a Expedição Varpa pra sempre em seu coração! Nos próximos 7 anos, o local pode render mais um livro e os clientes podem ser a inspiração dos personagens que buscam a cura para seus males, a inspiração para suas artes, os temas para seus livros, a sabedoria para a alma.

Este último capítulo finaliza uma história conduzida por uma seleção de acontecimentos da vida real em uma livraria, iniciada no dia em que Benjamim inventou de construir um novo prédio no centro da cidade de Marília. A ideia inicial era dar, à empresa, mais conforto após 30 anos de atividades e proporcionar, aos clientes do ramo de produtos eletrônicos, qualidade de atendimento com requintes de luxo. Porém no meio do caminho, mudou de ideia! Resolveu montar uma imensa livraria, indo na contramão do mercado, pois ele sabia que esse tipo de comércio estava começando a desaparecer.

Maquete da livraria com prazo determinado.

Autor: Arquiteto Valdemir Pimentel 2008.

Vivendo intensamente o conforto comercial de soluções para empresas há tanto tempo, Benjamim enxergou, naquele local, a oportunidade de escrever um livro, no qual a população e os artistas de rua que circulam pelo centro da cidade constituem os reais protagonistas. Projetou setembro de 2009 como a data de abertura e setembro de 2016 como a de fechamento — impreterivelmente sete anos, em obediência aos ensinamentos das sete vacas magras e sete vacas gordas, oriundos da Bíblia Sagrada.

Já o livro dividiu-se em 21 capítulos, visto que o objetivo da narrativa é fazer com que o leitor se sinta melhor a cada capítulo, aliás, sinta-se muito melhor ao sair de cada capítulo. A ideia parte do princípio de transformação dos indivíduos através da arte. Muitos dos personagens foram inspirados em pessoas que passaram pela loja sem, nem de longe, imaginar que estavam sendo observados. Seus comportamentos foram transformados em ouro, em luzes.

Os elementos e o conhecimento dos indivíduos consistiram nos pontos chave para produzir uma grande obra literária, capaz de propiciar dias e noites bem diferentes aos leitores. O acervo, mantido, atualizado e cuidado pela livraria, era muito rico, desse modo, determinados títulos podiam ser comparados a poderosos elixires, pois alimentam nossa alma e nos levam a raciocinar e a descobrir o que há de mais elevado em nós.

A atmosfera consistia em uma espécie de irradiação de cultura, invisível para muitos, mas clara e suave, como o vento que sopra, para outros. O vento também é delicioso em dias quentes e incômodo no inverno. Faz-se necessário saber apreciá-lo, como ocorre em Paris, na França, por exemplo, onde diversos turistas desembolsam grandes quantias para passear em meio ao vento que sopra por aqueles lados.

A Revista Milani Store registrou, em suas 20 edições, mais de 120 artistas de inúmeros gêneros, ensinamentos de professores, de poetas e de escritores da cidade e região. O investimento no projeto da livraria, que incluiu a publicação, rendeu valor incalculável para o conhecimento, pois nem sempre o dinheiro pode comprar tudo, assim como não compra o sonho de jovens escritores, cantores (e suas composições), poetas (e suas emoções), artistas plásticos (e suas obras), enfim, sonhadores.

Capas Revista Milani Store. Primeira e última edição

Fonte: arquivo do autor

O anúncio do fechamento da loja surpreendeu os artistas; os clientes falta dos jantares com degustações. Os itens do departamento de moda feminina também foram vendidos por valores abaixo dos praticados normalmente. Os violeiros esbanjaram alegria com a liquidação da grife do lendário Tião Carreiro. A vigésima e última edição da revista registrou a vernissage do famoso artista Hens Bowdivg na matéria de capa.

Na cabeça de Benjamim, tudo corria dentro da programação, os mistérios contidos em sua imaginação até então eram segredos. O que não estava à venda eram as instalações e os móveis — que, projetados com bom gosto, enfeitavam as paredes decoradas, revestidas em madeira de MDF até o teto. As divisórias com vidros temperados se espalhavam entre o primeiro e o terceiro andares. O elevador digital era a alegria das crianças, enfim, tudo era pensado e preparado para dar continuidade ao espaço cultural.

Mais uma vez, a sociedade mariliense foi surpreendida, agora, com a notícia de que a nova biblioteca municipal seria instalada na antiga livraria. Poder conviver com os livros novamente, na rua mais popular da cidade, foi um presente para a população. Os políticos antigos — os quais caminham longe dos ensinamentos do poder da arte —, lamentaram, espernearam, em vão. A ideia caiu no gosto do povo. Para os políticos eleitos, foi a bola da vez, o tiro certo!

A vida é bela quando compreendemos que os livros constituem os manuais da vida! Uma biblioteca cheia faz as pessoas viverem intensamente. A poesia que fala do fruto, declamada por uma criança, é mais doce que o próprio fruto, é como o sopro da flauta, uma linda melodia!

O político moderno investe na cultura. Os países da Europa são campeões de turismo devido à preservação dos patrimônios históricos culturais, da memória dos grandes escritores, atores, músicos e dos gênios do Romantismo, do Impressionismo, do Barroco, do Rococó, do Renascimento e por aí vai. No momento em que a população descobrir que dentro de uma biblioteca estão as soluções para todos os problemas da humanidade, ao seu alcance, praticamente sem custo, essa cidade terá imediatamente o progresso como o poderoso e único fio condutor do desenvolvimento.

Dentro de uma biblioteca, o mais humilde ser humano tem o

mundo aos seus olhos. As receitas do sucesso estão prontas, os métodos para vencer na vida estão escritos, os segredos estão desvendados para as famílias viverem em harmonia.

Certa vez, um advogado disse que na semana em que deixa de ir à biblioteca, tem a impressão de que ela não está completa. Já um professor afirmou que o local lhe proporciona horas deliciosas. Um músico relatou encontrar nela as verdadeiras sinfonias de emoções que necessita para suas composições. Um padre disse que busca, na biblioteca, ferramentas para desenvolver a filosofia da sua doutrina; afirmou ainda ficar vislumbrado com tanta sabedoria. Um palestrante contou que o local abriga milhões de citações, úteis para a elaboração de seus discursos. Por fim, os religiosos expressaram encontrar o vasto conhecimento de culturas milenares, que enriquecem o andar da vida. Já Benjamim acredita que a biblioteca consiste em um imenso dicionário na vida do pesquisador, no berço da criança e no sofá dos leitores.

Biblioteca Municipal de Marília SP. Na Rua São Luiz, a mais Popular da cidade.

Foto: Ediléia Fátima Biscaro

As palmeiras plantadas na lateral e na frente da biblioteca cresceram rapidamente, assim como a quantidade de pessoas que frequentam o sagrado ambiente cultural. Anteriormente, a média de público era baixa, de 30 pessoas, devido à teimosia e à falta de conhecimento das velhas raposas políticas. Foram décadas desperdiçadas pelos ultrapassados políticos. Atualmente, a média subiu para 300 visitantes por dia, o volume de frequentadores surpreendeu até os mais otimistas e o choro dos conservadores da velha biblioteca significaram risos de alegria e de progresso para a nova geração, protagonista e testemunha das mudanças ocorridas.

Viver a aventura de um empresário bem-sucedido durante sete anos e proporcionar a atmosfera de várias atividades comerciais e culturais foi o que Benjamim idealizou. O projeto visou a levar entusiasmo aos leitores frequentadores da loja. As tristezas e as alegrias narradas neste livro são verdadeiras, os personagens são reais! Os ex-frequentadores da loja sentirão prazer ao ler este livro, ou seja, constatarão a beleza e a verdade de quem passou pela rua mais popular do centro da cidade.

Quando falamos de sonhos, precisamos falar de realização, ou até explicar tal fenômeno, e o amor necessário para realizá-los. Quando o pensamento é positivo, oriundo das profundezas da alma, rege essa força impaciente de realização. Os 30 anos de vivência no mundo corporativo proporcionaram, a Benjamim, preparação, desejo e amadurecimento da alma.

Construir um prédio e montar várias atividades comerciais para escrever um livro pode ser inédito para a população! A narrativa se sustenta por fábulas extraídas de deliciosas passagens ocorridas na livraria, das quais os frequentadores constituíram o combustível. O ato de extrair as paixões, as reflexões e as inclinações de determinados clientes em movimento pode ser comparado a uma abelha sugando o mel das flores, visto que os interesses, as fraquezas e as imperfeiçoes também fazem parte do dia a dia dos clientes solitários. Não há nada mais misterioso e prazeroso na arte de escrever do que dirigir pessoas em segredo.

Sempre que Benjamim era avisado, através do interfone, por uma atendente, que fulano chegou, nem de longe os envolvidos imaginavam que estava em curso a maneira de cada um viver e de enxergar as coisas na livraria. Certa vez, ele recomendou para uma pessoa, que se encontrava em conflito com o filho, que entrasse em uma igreja e percorresse, uma a uma, as 14 estações. Também sugeriu que conhecesse a biblioteca mais próxima. Falou isso pois, na igreja, ela constataria o sofrimento de Jesus Cristo e, ao sair, se sentira melhor.

Interior da livraria futura Biblioteca Municipal

Foto: Eduardo Marques.

Já na biblioteca, ela encontraria centenas de livros com os ensinamentos de Jesus; ao sair, também se sentira muito melhor. Passado algum tempo, tal pessoa voltou com o filho na livraria e disse ter cadastrado os dois na biblioteca. Segundo ela, além de conhecer o encanto e a magia do lugar, criou o hábito de frequentar as missas aos domingos. Relatou que o filho passou a fazer parte do coral, para alegria da mãe, que gosta de cantar. Os evangélicos passaram a adquirir mais livros motivacionais, enfim, todos os credos e certezas estão embutidos nos livros sagrados da vida.

O objetivo deste 21º capítulo constituiu relatar o mistério e a curiosidade presente nos anteriores, os quais apresentam textos marcantes, extraídos de costumes dos clientes da livraria — alguns renomados, outros nem tanto. O livro também trouxe reflexões sobre psicólogos, psiquiatras, músicos e poetas, além de ter exibido o entrelaçamento de ideias, o qual resultou em célebres personagens com textos e frases impactantes.

Frequentar uma biblioteca viva é como associar seu conhecimento ao de outros escritores, autores e poetas, o que enriquece os convívios profissional e pessoal, além de constituir solução para empresários com problemas administrativos. Já para o funcionalismo público, das esferas municipal, estadual e federal, no qual os conflitos são constantes em razão dos métodos aplicados pela era antiga, o livro serve como alívio, descontração e como uma espécie de manual.

Os atendentes praticamente desempenhavam o papel de moderadores do cotidiano das pessoas. Chamo atenção para mais essa reflexão: a ligação entre os livros e as pessoas, quando estreita, promove sabedoria à cidade e torna as ruas mais alegres. Nesse contexto, parece haver mais árvores e muito mais passarinhos. Além disso, as pessoas ficam calmas, os jovens mais educados, as crianças em harmonia com os pais, os professores mais sorridentes. Ou seja, a arte deixa a população com mais prazer de viver intensamente o amor. O empresário que frequenta a Biblioteca sabe muito bem o que é a Fantástica vida Empresarial e onde estão os segredos do sucesso...

Mário Milani

Obras publicadas de Mário Milani

O relato de um jovem empresário que sente na pele os efeitos das turbulências econômicas mal sucedidas do governo. Apesar de tudo, os vendavais no ramo comercial o tornaram um líder de grande sucesso.

O escritor sempre foi atraído pelas pedras que o mundo coloca diante de nós. O desafio consiste em saber aproveitá-las.

Poemas diversos de profunda ternura humana.
A coletânea reúne os escritores do clube de poetas de uma imensa livraria.

Experiência bem-sucedida de reforma agrária no interior paulista, destruída pelo regime militar, implantado em 1964.

Diverte adultos e crianças com as aventuras de um músico compositor, um escritor e as descobertas de um famoso paleontólogo mariliense.

A capa exibe a filha amada do escritor. A adolescente mostrou, em poucas palavras, que as pedras nem sempre têm que ser preciosas.

A obra oferece uma leitura elevada de cada um dos escritores sócios e convidados dos clubes e do Rotary do Distrito 4510.

Um suave diálogo entre o escritor e o paleontólogo sobre os segredos dos fósseis de dinossauros, encontrados a 65 milhões de anos!

Cinco histórias sobre temas que envolvem a preservação: água, violência urbana, poliomielite, Alzheimer e a fantástica filosofia oriental de Haikai.

Um dos livros mais esperados! A narrativa mostra os caminhos e atalhos rumo ao sucesso, além de revelar segredos para se tornar uma pessoa rica.

Benjamim conseguiu reunir poetas e escritores da região. Para compor as poesias e crônicas motivacionais de cada um, distribuídas pela organização do Rotary do Distrito 4510.

As emoções, os desejos e o prazer expressos nos contos, crônicas, e pinturas transformam em espetáculo, o amor pela vida,através da arte.

O escritor teve um sonho e foi morar na Lua. São Jorge contou um segredo e pediu para Benjamim revelar...

As músicas do compositor Mário Milani, Vida de Peão e Amor da Minha Vida integram os volumes 1 e 2 do CD Barretos 2019.

A Festa de Barretos. "A canção 'Margarida' lançamento virtual de ***Barretos eu vou 2021***. Já encontra-se nas plataformas, é uma das mais visualizada. Quando morei na fazenda do Estado na adolescência, me tornei uma espécie de promotor de eventos aos 15 anos de idade, contratando shows com artistas para tocarem no salão de festas do local. Por isso, ouvir minha música tocar numa das maiores festas caipiras do mundo me enche de orgulho".

Destaca-se que Milani firma parcerias com músicos experimentes, como Laerte Marques, Cris Brevillier e Flavio Marcondes, para produzir suas canções. O artista faz uma analogia: "é como se me juntasse a um bando de pássaros voando por esse mundo encantado da música. A Laser Assessoria e Produções, de São Bernardo do Campo, e a gravadora Ditto Music, cuja matriz é em Paris, na França, tem alavancado as composições e inserido as canções em centenas de plataformas, como Spotify, Deezer, Amazon Music, Pandora, Apple Music etc". Para ouvir as produções, basta procurar pelo artista na sua plataforma preferida.

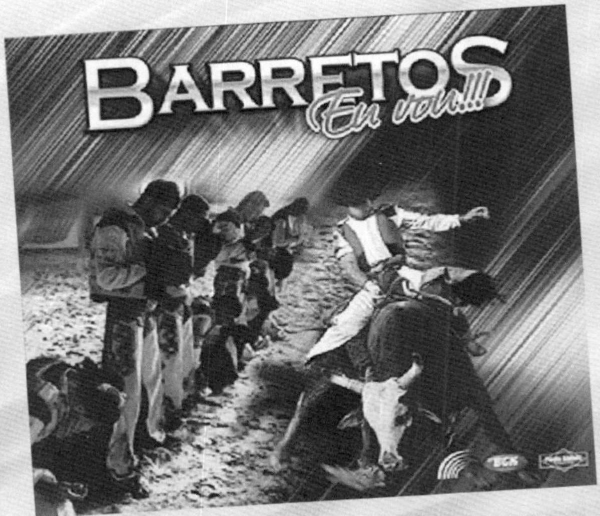

Consulte os movimentos culturais, acesse:

www.mariomilani.com.br

O compositor e poeta Mario Milani acaba de lançar sua nova composição, "Ontem", inspirado pela natureza que observa durante as caminhadas das madrugadas no condomínio onde mora e por um sonho que teve com os Beatles. A música, em parceria com Alice Lourenço, está disponível nas plataformas digitais.

Milani relata que o manto cor de prata da lua, outrora o vento leve e agradável, ou as noites em que sou surpreendido com um chuvisqueiro que faz apertar o passo com a chegada da chuva gostosa e refrescante me motivam a seguir na carreira artística".

Essa constante e persistente lida singular com a cultura escrita e musical tem produzido grandes resultados, chegando a render dividendos através das mídias sociais. Segundo Milani, "o certo é que, quando retorno após o banho agradável, vem o sono profundo; com ele, os sonhos para algumas composições já lançadas, que é o caso de 'A Lua Já Foi Terra', interpretada pelo cantor paranaense Rodrigo Murbach.

Ouçam as composições nas vozes dos interpretes no YouTub
Alice Lourenço – Ivan Fiorini – Rodrigo Murbach

O avanço da tecnologia permite reunir dezenas de músicas em um pen-drive, as plataformas distribuí para mundo.

Através desse livro divulgamos também nossas músicas, disponíveis para venda.

Let`s sing - Relação das músicas

01 – Ontem
02 – Vida virtual
03 – Margarida
04 - May Love
05 – Yesterdey
06 – A Lua já foi terra
07 – O Mundo Parou
08 – Nada mudou
09 – Dizia o poeta
10 – Vamos cantar
11 – Juliana
12 - Vou te esquecer
13 – Senador fora da lei
14 – Juiz sem juízo
15 – Politico pé de pano
16 – Carteirada da Cristal
17 – STF Brasil
18 - Violência urbana
19 – Aventureiro
20 – Porque eu quero
21 – E o mundo parou
22 – Latino Americano
23 - Yarassus

Contato: **escritor@milanigi.com.br**

Informações e loja virtual: **www.mariomilani.com.br**

QUEM SOMOS

Editora LETRAS JURÍDICAS e LETRAS DO PENSAMENTO, com 22 anos no mercado *Editorial e Livreiro* do país, é especializada em publicações jurídicas e em literatura de interesse geral, destinadas aos acadêmicos, aos profissionais da área do Direito e ao público em geral. Nossas publicações são atualizadas e abordam temas atuais, polêmicos e do cotidiano, sobre as mais diversas áreas do conhecimento.

Editora LETRAS JURÍDICAS e LETRAS DO PENSAMENTO recebe e analisa, mediante supervisão de seu Conselho Editorial: ***artigos, dissertações, monografias e teses jurídicas*** de profissionais dos ***Cursos de Graduação, de Pós-Graduação, de Mestrado e de Doutorado, na área do Direito e na área técnica universitária, além de obras na área de literatura de interesse geral.***

Na qualidade de ***Editora Jurídica e de Interesse Geral***, mantemos uma relação em nível nacional com os principais ***Distribuidores e Livreiros do país***, para divulgarmos e para distribuirmos as nossas publicações em todo o território nacional. Temos ainda relacionamento direto com as principais ***Instituições de Ensino, Bibliotecas, Órgãos Públicos, Cursos Especializados de Direito*** e todo o segmento do mercado.

Participações em Feiras **Nacionais e Internacionais**

NOVIDADE!!! O Autor(a) da LJ/LP terá uma página exclusiva para inserir sua biografia, fotos videos e artigos de sua área e artigos em geral, para interagir com o leitor e ganhar visibilidade no mercado.

Na qualidade de ***editora prestadora de serviços***, oferecemos os seguintes serviços editoriais:
- Análise e avaliação de originais para publicação;
- Assessoria Técnica Editorial;
- Banner, criação de arte e impressão;
- Cadastro do ISBN – Fundação Biblioteca Nacional;
- Capas: Criação e montagem de Arte de capa;
- CD-ROM, Áudio Books;
- Comunicação Visual;
- Consultoria comercial e editorial;

- Criação de capas e de peças publicitárias para divulgação;
- Digitação e Diagramação de textos;
- Direitos Autorais: Consultoria e Contratos;
- Divulgação nacional da publicação;
- Elaboração de sumários, de índices e de índice remissivo;
- Ficha catalográfica - Câmara Brasileira do Livro;
- Fotografia: Escaneamento de material fotográfico;
- Gráficas – Pré-Impressão, Projetos e Orçamentos;
- Ilustração: projeto e arte final;
- Livros Digitais, formatos E-Book e Epub;
- Multimídia;
- Orçamento do projeto gráfico;
- Organização de eventos, palestras e workshops;
- Papel: compra, venda e orientação do papel;
- Pesquisa Editorial;
- Programação Visual;
- Promoção e Propaganda - Peças Publicitárias - Cartazes, Convites de Lançamento, Folhetos e Marcadores de Página de livro e peças em geral de divulgação e de publicidade;
- Prospecção Editorial;
- Redação, Revisão, Edição e Preparação de Texto;
- Vendas nacionais da publicação.

Confira!!!

Nesse período a ***Editora*** exerceu todas as atividades ligadas ao setor Editorial/Livreiro do país. É o marco inicial da profissionalização e de sua missão, visando exclusivamente ao cliente como fim maior de seus objetivos e resultados.

" NOSSAS MARCAS MOSTRAM AS LETRAS DO FUTURO "

O Editor

A Editora reproduz com exclusividade todas as publicações anunciadas para empresas, entidades e/ou órgãos públicos. Entre em contato para maiores informações.

Impressão e Acabamento:
EXPRESSÃO & ARTE
EDITORA E GRÁFICA
www.graficaexpressaoearte.com.br